DA ESPONTANEIDADE À DIVERSIDADE
O RECONHECIMENTO DO EU DA COMUNIDADE LGBT

Editora Appris Ltda.
1.ª Edição - Copyright© 2020 dos autores
Direitos de Edição Reservados à Editora Appris Ltda.

Nenhuma parte desta obra poderá ser utilizada indevidamente, sem estar de acordo com a Lei nº 9.610/98. Se incorreções forem encontradas, serão de exclusiva responsabilidade de seus organizadores. Foi realizado o Depósito Legal na Fundação Biblioteca Nacional, de acordo com as Leis nos 10.994, de 14/12/2004, e 12.192, de 14/01/2010.

Catalogação na Fonte
Elaborado por: Josefina A. S. Guedes
Bibliotecária CRB 9/870

B843d 2020	Bressane, Marcele Da espontaneidade à diversidade : o reconhecimento do eu da comunidade LGBT / Marcele Bressane. - 1. ed. – Curitiba : Appris, 2020. 131 p. ; 21 cm – (Artêra) Inclui bibliografias ISBN 978-85-473-4288-3 1. Identidade de gênero. 2. Transgêneros. 3. Bissexualidade. I. Título. II. Série. CDD – 306.76

Livro de acordo com a normalização técnica da ABNT

Appris
editora

Editora e Livraria Appris Ltda.
Av. Manoel Ribas, 2265 – Mercês
Curitiba/PR – CEP: 80810-002
Tel. (41) 3156 - 4731
www.editoraappris.com.br

Printed in Brazil
Impresso no Brasil

Marcele Bressane

DA ESPONTANEIDADE À DIVERSIDADE
O RECONHECIMENTO DO EU DA COMUNIDADE LGBT

FICHA TÉCNICA

EDITORIAL
Augusto V. de A. Coelho
Marli Caetano
Sara C. de Andrade Coelho

COMITÊ EDITORIAL
Andréa Barbosa Gouveia (UFPR)
Jacques de Lima Ferreira (UP)
Marilda Aparecida Behrens (PUCPR)
Ana El Achkar (UNIVERSO/RJ)
Conrado Moreira Mendes (PUC-MG)
Eliete Correia dos Santos (UEPB)
Fabiano Santos (UERJ/IESP)
Francinete Fernandes de Sousa (UEPB)
Francisco Carlos Duarte (PUCPR)
Francisco de Assis (Fiam-Faam, SP, Brasil)
Juliana Reichert Assunção Tonelli (UEL)
Maria Aparecida Barbosa (USP)
Maria Helena Zamora (PUC-Rio)
Maria Margarida de Andrade (Umack)
Roque Ismael da Costa Güllich (UFFS)
Toni Reis (UFPR)
Valdomiro de Oliveira (UFPR)
Valério Brusamolin (IFPR)

ASSESSORIA EDITORIAL
Renata C. L. Miccelli

REVISÃO
Natalia Lotz Mendes

PRODUÇÃO EDITORIAL
Jhonny Alves dos Reis

DIAGRAMAÇÃO
Giuliano Ferraz

CAPA
Eneo Lage

COMUNICAÇÃO
Carlos Eduardo Pereira
Débora Nazário
Kananda Ferreira
Karla Pipolo Olegário

LIVRARIAS E EVENTOS
Estevão Misael

GERÊNCIA DE FINANÇAS
Selma Maria Fernandes do Valle

COORDENADORA COMERCIAL
Silvana Vicente

AGRADECIMENTOS

Só tenho gratidão ao ter este livro em minhas mãos. Quando criança, Lembro-me de ler, em *Turma da Mônica*, uma passagem em que essa personagem comentava que até o fim da vida precisaria ter feito três coisas: ter um filho, plantar uma árvore e escrever um livro. Os dois primeiros ainda não realizei. Entretanto, o mais difícil, em minha concepção, estou realizando agora. E para este sonho ocorrer, teve tantas pessoas que fizeram muito e que merecem realizar esses três e mais inúmeros sonhos.

Agradeço à Escola Viver Psicologia: Psicodrama. Escola na qual me formei psicodramatista nível um e escrevi a monografia que deu origem a este livro. Agradeço pelas aulas fantásticas, pelo espaço e pelo apoio imensurável.

Agradeço à professora Viviane Almeida, por me mostrar que sonhar é maravilhoso, que sempre me incentivou e trilhou-me neste caminho. Para mim, és uma inspiração.

Agradeço à professora Alexandra Sombrio, por todos sorrisos e ensinamentos. A primeira que falou que a monografia deveria virar livro. A professora que confia nos alunos e quer vê-los brilharem.

Agradeço à minha orientadora, que foi muito mais do que isso, Amanda Castro. Uma super-heroína de quadrinhos, que tem todos os superpoderes instalados nela, um conhecimento fantástico e uma humildade linda de dividi-los. Um exemplo de mulher, profissional. Sem ela, nada disto estaria ocorrendo, divido tudo com ela.

Agradeço à minha mãe, Teresinha Silveira. A mulher da minha vida. Que aguentou tudo para me dar uma educação de qualidade, não só de escola, mas de vida. É por ela e para ela que faço tudo.

Agradeço a confiança dos meus clientes. Agradeço ao Moreno por ter criado o Psicodrama. Agradeço à toda comunidade LGBT, que sonha e luta por uma sociedade mais justa e igualitária.

Agradeço a você, por compartilhar este sonho!

Agora, vamos começar a pensar nos outros dois projetos que ainda faltam, Mônica.

Nem azul. Nem rosa. Mas um arco-íris de gêneros para serem respeitados

Lorelay Fox.

PREFÁCIO

Escrito por Amanda Castro, atualmente pós-doutoranda da Universidade Federal de Santa Catarina (UFSC). Dá aula de Psicologia na Unibave e também na Escola Viver Psicologia: Psicodrama.

Nunca houve um armário para mim. Nunca tive que me adaptar no interior de um móvel escuro e apertado e dividir espaço com a solidão de um segredo que não se calasse dentro de mim. Nunca precisei me calar para que me dissessem quem eu sou. Nunca precisei dizer em voz alta quem eu era, parecia que todos já sabiam. Fui a criança que beijou meninas e meninos, que podia escolher as cores de suas roupas e treinar múltiplos papéis, sem sentir o peso de um papel cristalizado, tive passabilidade e aceitação social por performar feminilidade. Portanto este livro não fala de mim, embora fale muito para mim.

Ao ler este livro, lembro-me de muitos pacientes e alunos, mas especialmente de um. Dar-lhe-ei o nome de João, porque seu pé de feijão o conduzia para um Universo em que ele poderia se experimentar e se reconhecer. João chegou em terapia profundamente entristecido com a rejeição paterna quando teve seu armário arrebentado. Não houve saída do armário, houve expulsão dele, houve roupas e pedaços de madeira para todo o lado, houve gritos, e no fim, já não havia resquícios de armário para voltar. Em terapia ele me disse: *"Não posso voltar e também não posso seguir em frente, não tem lugar pra mim".*

É disso que se trata este livro, de um lugar, um lugar na Teoria psicodramática para discutir a conserva de gênero e para olhar para o reconhecimento do Eu dessas pessoas que precisam desesperadamente de um tu que os confirme, um duplo de suas existências. Este livro faz um duplo da existência de muitos Joãos e Marias, de muitas Amandas e Marceles, permitindo ao psicodramatista compreender a necessidade do suporte social na desconstrução de conservas de gênero, conservas estas que poderemos chamar de armários, armários empoeirados, pequenos e escuros que impedem o reconhecimento do Eu da população LGBT.

Não se trata, aqui, da patologia ou da busca de razões sociais ou culturais para a vivência homoafetiva. Mas, sim, da busca da circularização e do encontro para reduzir a discriminação e tornar obsoleta a LGBTfobia. Marcele traz a matriz de identidade e o Modelo Cass, na condição de subsídios para a vivência saudável das relações afetivas, para além dos pressupostos da hetero e cisnormatividade. Desse modo, a autora apresenta a inversão de papéis como um caminho rumo ao encontro moreniano, o que traria a tele diante da diversidade.

Moreno sempre esteve com aqueles que estavam à margem do padrão social ou daquilo que era normatizado, sempre propôs a utopia da inclusão total. Marcele nos faz retomar essa proposta e traz essa "utopia" na condição de proposta de intervenção, tendo a generosidade de compartilhá-la, na expectativa de que sejamos agentes nessa inclusão. Agradeço a oportunidade de prefaciar este livro e de ser participe na sua "utopia", Marcele, que possamos encontrar na espontaneidade o combustível para relações télicas, independentemente da orientação sexual ou identidade de gênero, que sejamos apenas as "centelhas divinas", cujas formas não importam, mas cuja luminescência torna-se maior conforme agrupadas. Fiquemos juntos, porque no grupo somos a resistência, mas também somos a essência.

APRESENTAÇÃO

Olá. Que prazer enorme estares comigo neste momento.

Este espaço aqui é como se fosse o aquecimento da parada da diversidade. Cheia de expectativa para um dia cheio de emoções. Aqueles dias que dão gostinho do que vão compreender e sentir pela frente. É uma enorme emoção estarem lendo minha monografia de conclusão da minha pós-graduação, que agora virou livro. Escrevi a monografia para a conclusão do meu curso de especialização e pós-graduação em Psicodrama na escola Viver Psicologia: Psicodrama. Após a escrita, minha orientadora, Amanda Castro mulher maravilhosa, que todos deveriam conhecer e aplaudir. Que orgulho a tê-la! Enviou-me um e-mail sobre a solicitação de escrever um livro e assim, começou o sonho.

Para melhor explicação, este livro é dividido em alas. No começo, será explicado a abordagem que trabalho na minha clínica, o psicodrama. Você sabe o que é abordagem? Abordagem é o modo que o psicólogo clínico enxerga o seu cliente e quais técnicas ele usará com este, resumidamente. Dessa forma, há inúmeras abordagens, como Psicanálise, Teoria Cognitiva Comportamental, Gestalt, Transacional... e Psicodrama. Aqui, será realizado um pequeno aprofundamento do que é o Psicodrama, como é a imagem de homem, as teorias principais e suas técnicas fundamentais.

Depois, terá um apanhado sobre a comunidade LGBT. Sua história, suas lutas e direitos já estabelecidos e suas peculiaridades. Ao falar dos dois protagonistas deste livro, é feita a união da Psicologia e a comunidade LGBT e posteriormente do Psicodrama com aquele, mostrando autores que falam a respeito e teorias já consagradas.

Tento, a todo momento, apresentar uma leitura prazerosa tanto para psicodramatistas, psicólogos quanto para a população LGBT. Torço ter conseguido.

No fim, ainda falo um pouco sobre a minha pequena, mas tão cheia de amor, experiência. Alguns relatos de amigos e pessoas próximas falando sobre o preconceito na atualidade e, por fim, uma conversa sobre as saídas do armário do psicodramatista e da comunidade LGBT, uma conversa franca e carinhosa.

Torço para criarmos um laço colorido, brilhante. Um laço de companheirismo durante estas folhas. Que seja um prazer para você, igual foi o meu ao escrever a monografia e, hoje, por vê-la assim, desta forma!

SUMÁRIO

INTRODUÇÃO 15

JUSTIFICATIVA 20

1
ASSIM, INICIAMOS O CAPÍTULO SOBRE PSICODRAMA! 23

1.1 MORENO E O PSICODRAMA 23

    1.1.1 Histórico 23

    1.1.2 Conceitos fundamentais 26

        1.1.2.1 Espontaneidade e Criatividade 26

        1.1.2.2 Conservas culturais 27

        1.1.2.3 Tele e transferência 28

        1.1.2.4 Coconsciente e Coinconsciente 28

    1.1.3 Teorias fundamentais 29

        1.1.3.1 Teoria dos Papéis 29

        1.1.3.2 Teoria dos Vínculos 31

1.2 O MÉTODO PSICODRAMÁTICO 32

    1.2.1 Instrumentos 32

    1.2.2 Etapas do Psicodrama 34

    1.2.3 Técnicas psicodramáticas 36

1.3 MATRIZ DE IDENTIDADE 38

    1.3.1 Matriz de Identidade Sexual 44

1.4 GÊNERO E SEXUALIDADE 48

    1.4.1 Conceitos básicos da sexualidade 48

        1.4.1.1 Gay 50

        1.4.1.2 Lésbicas 51

        1.4.1.3 Bissexualidade 52

        1.4.1.4 Transgêneros 53

    1.4.2 Movimento LGBT 55

1.5 PSICOLOGIA E LGBT 61

    1.5.1 Modelo Cass 64

    1.5.2 Psicodrama e LGBT 66

2

VAMOS ENTRAR NA PESQUISA COMIGO?...............................69

2.1 PROCEDIMENTOS ÉTICOS...72

3

RESULTADOS E DISCUSSÕES...73

3.1 Caracterização dos participantes da pesquisa...........................73

3.1.1 Sessão 1: nunca mais incubada...74

3.1.2 Sessão 2: os novos e antigos Bee..83

3.1.3 Sessão 3: fazendo SEMPRE a Alice......................................94

4

CONSIDERAÇÕES FINAIS...105

CONCLUSÃO DAS CONSIDERAÇÕES FINAIS..................111

Mulher trans:...111

Medos e Acertos..115

REFERÊNCIAS..121

INTRODUÇÃO

O entendimento do público-alvo, a comunidade LGBT, é essencial para a compreensão geral. Dessa forma, o livro é iniciado com a explicação da sigla dessa população. Segundo Regina Fachinni, no site do CRP de São Paulo (2015), a letra L significa lésbica, o G significa gay, o B significa bissexual e o T, transexuais, mas, em algumas regiões do Brasil, o T pode significar transgêneros, que englobaria transexuais, travestis, *crossdressers*[1], entre outros. Entretanto percebem-se várias outras siglas em livros, como LGBTI, com o I significando intersexualidade, LGBTA, o A de assexualidade, e LGBTQ, o Q do movimento *queer*. Mas neste livro será utilizada a sigla LGBT, pois é mais comumente vista e usada. A população LGBT é numerosa em quesito quantidade e diversidade. Assim, o movimento LGBT inicia no Brasil em 1970 (FACHINI, 2003).

Segundo Mendes (2010), o movimento LGBT inicia-se na ditadura militar, quando homossexuais começaram a luta contra a discriminação, unindo-se para conseguir mais direitos. Em 1980, há uma eclosão da Aids e do HIV no Brasil. No começo, esta doença sexualmente transmissível era conhecida como uma doença dos gays, aumentando ainda mais o preconceito contra esta população (MENDES, 2010).

O movimento iniciado por homens homossexuais teve crescimento de outras populações em 1990. Segundo o site do CFP SP (2015, s/p)

> Já nos primeiros anos as lésbicas começam a se afirmar como sujeito político relativamente autônomo; e nos anos 1990, travestis e depois transexuais passam a participar de modo mais orgânico. No início dos anos 2000, são os e as bissexuais que começam a se fazer visíveis e a cobrar o reconhecimento do movimento.

---

[1] Pessoa que usa vestes ou acessórios culturalmente do sexo oposto.

A luta contra a discriminação em relação à população LGBT continua. As taxas de mortes no Brasil são altas, segundo o site do grupo gay da Bahia (2018), o Brasil é o país que mais mata LGBT no mundo. Em maio de 2017, o Conselho Nacional de Direitos Humanos (2017) faz uma nota aberta, em seu site, de repúdio contra a discriminação contra a população LGBT. Nessa carta é escrito que a LGBTfobia consiste em xingamentos, piadas, empregos impróprios, tratamento diferenciado e violências psicológicas e físicas contra a população LGBT. Sendo que transexuais e travestis são o grupo mais afetado negativamente.

Cada população que faz parte do movimento tem suas particularidades, lutas e bandeiras. O movimento lésbico, por exemplo, luta contra o machismo e a vaginofobia, segundo o manifesto lésbico publicado na rede social Facebook (2017). Já o movimento transexual luta pela despatologização da transexualidade e trabalhos dignos para trans, segundo o site Transgender Europe (2017). As diferenças são grandes, mas as semelhanças entre as populações são notáveis: todo o movimento LGBT luta por um país sem discriminação contra a orientação sexual e o gênero, sem mortes e violências.

As peculiaridades da população LGBT e suas lutas serão discutidas nesta pesquisa, sob o escopo do Psicodrama. O psicodrama foi criado dia 01 de abril de 1921, por Jacob Levy Moreno. Para Moreno (1975), o psicodrama é historicamente o marco decisivo entre o tratamento individual e verbal para um tratamento social e na ação. A dramatização é um dos pontos principais dessa teoria que nasceu no teatro e se fundamenta nele. O psicodrama amplia a psicoterapia, pois, segundo Bermudez (1970), o indivíduo não se responsabiliza só pelo que fala, mas também pelo que faz, tendo como base as relações com o meio. Com a dramatização, o protagonista-cliente encara a cena e remete-se a ela num lugar seguro, o *setting terapêutico*, tendo por objetivo o desenvolvimento da espontaneidade e criatividade. Para Bustos (2005), a espontaneidade para o psicodrama não tem o significado semelhante de naturalidade, mas é sinônimo da realização de respostas adequadas para novas relações e situações que o meio nos dispõe.

O psicodrama, mesmo tendo nascido, principalmente, por meio de trabalhos em grupos, dispõe de vastas pesquisas com trabalhos individuais. O psicodrama individual também é chamado de psicodrama bipessoal por Bustos, no ano 1982, em seu livro *Psicodrama. Aplicações técnicas psicodramáticas*, e de psicodrama da relação por Fonseca, no ano 2000, em seu livro *Psicoterapia da relação*, reeditado em 2010, entre outros. Segundo Rosa Cukier (1992, p. 17), tratam-se de "todas essas formas de nomear terapias psicodramáticas individuais que não fazem uso de egos-auxiliares".

O Psicodrama, desde seu início, trabalhou com populações minoritárias, suas reivindicações e seus direitos. Segundo Moreno (1997), a primeira sessão de psicodrama é quando **Moreno** pede para a plateia entrar no papel de rei e tomar as decisões deste, no meio de revoltas contra o monarca da época. Após, Moreno (1997) também relata sessões de grupos realizadas com trabalhadoras do sexo e refugiados tiroleses, auxiliando-os a reconhecer direitos. Desse modo, considerando seu histórico relativo ao empoderamento das minorias, considera-se que o psicodrama apresenta recursos para trabalhar com uma das populações discriminadas atualmente: a população LGBT. Segundo Wechsler e Monteiro (2016), o psicodrama possibilita a percepção do desempenho e o desenvolvimento de um papel do indivíduo. As autoras relatam uma cena de agressão num psicodrama público, na qual foi proposta que um heterossexual entrasse no papel de um homossexual, sentindo, assim, a discriminação, a homofobia e o medo.

De acordo com Cohen e Stein (2000), citado por Borges (2009), o descobrimento da sexualidade é um complexo processo de desenvolvimento para o indivíduo, desde o reconhecimento até a consciência da sua orientação sexual. Similar ao processo de desenvolvimento da matriz de identidade. A psicóloga australiana Vivienne Cass, em 1979, propôs estágios da compreensão e autoaceitação da identidade LGBT. Segundo Klecius Borges (2009), os estágios do modelo de Cass são: confusão de identidade, comparação de identidade, tolerância de identidade, aceitação da identidade, orgulho da identidade e síntese da identidade.

Em relação à sua teoria de desenvolvimento, o psicodrama trabalha com a matriz de identidade, criada por Moreno e descrita em seu livro *Psicodrama* (1975) e continuada por Fonseca que a descreve em seu livro *Psicodrama da loucura*, de 1980. Segundo Bermudez (1970), a matriz de identidade é onde o ser humano se inclui desde o seu nascimento até a sua fase adulta. Sendo que, no início, a matriz de identidade está ligada aos processos fisiológicos infantis e, após, relaciona-se com processos sociais e psicológicos. Essa teoria acompanha a vida de todos os seres. Para Fonseca (2010, p. 115), "a matriz de identidade profissional determina o percurso do psicoterapeuta", sendo indispensável para os psicodramatistas em sua clínica.

Desse modo, questiona-se uma possível intersecção entre a matriz de identidade e o reconhecimento individual da identidade LGBT, podendo estas serem aliadas para o desenvolvimento de uma clínica LGBT confiável e eficaz. Algo que todos querem.

Para a continuação desse entendimento, a seguir estão os objetivos que trabalhei em minha pesquisa. Deixo neste livro para exemplificar a compreensão dele.

O Problema de Pesquisa é como a fase do reconhecimento do Eu da teoria da matriz de identidade auxilia a população LGBT por meio do psicodrama individual?

> Nesse problema de pesquisa, leitor, quero saber se o psicodrama, com a sua teoria de matriz de identidade, que será exemplificada nas próximas folhas, poderá compreender e auxiliar no atendimento à comunidade LGBT.

Como Objetivo Geral, trabalhei com a análise da fase do reconhecimento do Eu da teoria da matriz de identidade, **a fim de auxiliar** a população LGBT a partir do psicodrama individual.

Para os Objetivos Específicos, trabalhei com quatro:

a. Identificar os principais conflitos psicoemocionais da população LGBT no psicodrama individual

Aqui, eu busco ver quais são as questões emocionais que mais instigavam a população LGBT. Se seria "sair do armário" para sua família ou a descoberta e aceitação da sua sexualidade ou alguma outra peculiaridade.

b. Investigar por meio do psicodrama individual como ocorre o reconhecimento do Eu da população LGBT.

Esse objetivo quer investigar como ocorre, dentro do psicodrama, o reconhecimento da sexualidade, o reconhecimento do ser LGBT para cada indivíduo. Como foi esse momento de descoberta.

c. Relacionar as etapas da Matriz de Identidade com as etapas do Modelo Cass.

Como dito anteriormente, temos duas teorias centrais neste livro: Matriz de Identidade e Modelo Cass. Quero, com esse objetivo, interligar as duas. Perceber se uma teoria pode ajudar a outra na compreensão da terapia dos clientes que são LGBT.

d. Investigar como se desenvolve a espontaneidade diante das conservas culturais da população LGBT mediante o psicodrama individual.

Espontaneidade é uma das teorias mais importantes dentro do psicodrama, mais para frente entenderás melhor. Quero compreender como essa teoria, que faz tanta falta para a saúde de todos, pode influenciar numa boa psicoterapia, incluindo terapia de indivíduos LGBT.

> Amado leitor, são esses os objetivos que quis atingir neste estudo. No fim, demonstro se consegui atingi-los de forma satisfatória. A partir de agora, entrarei mais a fundo na minha pesquisa. Você conhecerá mais da teoria e das suas razões. Entre a fundo neste meu sonho realizado e vamos conversando durante.

JUSTIFICATIVA

Há, no Brasil, inúmeras pesquisas e discussões sobre a população LGBT. Quando pesquisado em sites de artigos científicos, o Brasil ganha em número de publicações. Também fica em primeiro lugar nas paradas do orgulho gay, segundo o site Memorial da Democracia (2006). Em 2004, o Brasil esteve no Guinnes Book[2] como a maior parada do orgulho LGBT, realizada em São Paulo, no mesmo ano. Mas infelizmente esse mesmo país fica no alto do pódio em relação a mortes e discriminações contra a mesma população. O site Quem a homofobia matou hoje (2017), que em suas publicações divulga assassinatos contra LGBT, relata que no ano de 2017 foram 400 mortes, ficando evidente o índice maior que em 2016, ano em que ocorreram 343. E essas são mortes brutas, por meio de facadas, armas, espancamentos, entre outros.

Nesse mesmo momento histórico, criam-se, no Brasil, inúmeras ONGs para proteção dessa população. Segundo o site do Grupo Gay da Bahia (2017), há 69 grupos ou associações espalhadas pelo país que ajudam a população LGBT a conquistarem seus direitos.

Diante disso, percebe-se movimento na classe da Psicologia para criar ferramentas contra a LGBTfobia. Criam-se discussões nas universidades e são construídas disciplinas acerca do movimento LGBT. O CFP (Conselho Federal de Psicologia) em seu site, no ano de 2017, publica uma carta aberta contra toda discriminação à

---

[2] Livro que contém recordes mundiais. Publicado anualmente.

população LGBT, reafirmando que todos psicólogos devem realizar seus atendimentos independentemente de qualquer orientação sexual. Revalidando a Resolução do CFP 001/99, a qual estabelece normas de atuação para os psicólogos em relação à questão da Orientação Sexual.

Entretanto, tratando-se de psicodrama, há poucos estudos sobre essa temática. Utilizando-se os descritores Psicodrama e LGBT na base de dados BVS-psi, foi encontrado apenas um artigo, da pesquisadora Denise Zabaki, com o título "Clínica LGBT: contribuições do psicodrama para superação do estigma e da discriminação", de 2014. Infelizmente o psicodrama é pouco lembrado, mas tem muito a contribuir e dar o apoio a essa população. Suas técnicas são diretivas, seu respeito e empatia com quem está a sua frente é uma postura essencial para trabalhar com esse público já tão recriminado, conseguindo, assim, explorar seus conflitos no psicodrama individual. Aliado a isso, o psicodrama tem uma teoria de desenvolvimento criada por Moreno, **em 1946,** a Matriz de Identidade. Esta teoria oferece o suporte necessário para que as escutas dos conflitos sejam ordenadas e organizadas, podendo estruturar uma psicoterapia ágil e transformadora para a população LGBT.

Em minha vida, sempre estive cercada de homossexuais, lésbicas, bissexuais, *drags,* e percebo o quanto falamos de números e não da população de verdade, o quanto não os escutamos. Em minha clínica, a cada dia, convivo com a falta de materiais, não só de técnicas como também de compreensão dessa população em específico. O psicodrama, que preza tanto a espontaneidade, precisa desenvolver ações espontâneas com essa população, desprender-se das conservas culturais já estabelecidas e estar na ação, no ato com a população LGBT. Propiciar o encontro com cada pessoa que sofre a LGBTfobia e que merece desenvolver relações télicas, profundas e significativas com seus psicoterapeutas.

O psicodrama, a Psicologia e a sociedade estão percebendo o tamanho da discriminação, mas são feitos poucos investimentos em trabalhos e pesquisas buscando a compreensão da população

LGBT em relação a ela mesma. Existem pesquisas de terceiros, mas a própria comunidade LGBT precisa ser entendida, percebida e escutada, descrita a partir daqueles que a compõem.

O reconhecimento do Eu dessa população é o primeiro passo para o psicodrama abrir as cortinas e colocar em seu palco todos os gays, as lésbicas, os bissexuais e os transgêneros. Bem-vindos ao meu livro, mas não se sentem, caminhem comigo nesta jornada, sejam vocês também os protagonistas.

1

ASSIM, INICIAMOS O CAPÍTULO SOBRE PSICODRAMA!

1.1 MORENO E O PSICODRAMA

> Leitor, se você não for psicodramatista, poderá cansar um pouco nesta parte ou ficar confuso. Mas, por favor, não desista. Tentei colocar bem mastigado para a melhor compreensão de todo esse universo.

1.1.1 Histórico

Jacob Levy Moreno nasceu dia 18 de maio de 1889, filho de Moreno Nissim Levy, comerciante, nascido em 1856, e de Paulina, jovem que estudou em um colégio de freiras, e nasceu em 1873 (MARINEAU, 1992). Moreno teve cinco irmãos. Sobre o nascimento de Moreno houve muitas especulações. Segundo Nudel (1994a), Moreno se sentia um cidadão do mundo, dizia que tinha nascido no mar, num barco sem bandeiras. Quando perguntava à sua mãe como tinha sido seu parto, ela falava que ele veio das águas, como Moisés. Após estudiosos descobrirem que essa estória era mentira, e que Moreno nascera em casa, em Budapeste, muitas pessoas o criticaram por ter criado estas teorias. Entretanto, de acordo com Marineau (1992, p. 22) "Moreno chamará [a estória de seu nascimento] de verdade poética e psicodramática".

Com apenas um ano, Moreno sofreu de raquitismo, não tinha apetite e perdeu peso. Até não conseguir caminhar. Paulina acreditou que uma cigana o tinha salvado, a mesma cigana profetizou que Moreno seria um grande homem, sábio e bondoso. Paulina começou a tratar Moreno diferente, ajudando-o mais, criando novas possibilidades para o crescimento do filho (MARINEAU, 1992).

Quando criança, Moreno brincava de fazer o papel de Deus, podendo tudo, até voar. Em umas dessas brincadeiras, ele pula de uma cadeira e quebra o braço (NUDEL, 1994b). Mostrando, desde novo, que acreditava no imaginário e que a criatividade permeava sua vida.

Em 1905, com 14 anos, os pais de Moreno mudam-se para Berlim, mas Moreno não gostou dessa mudança, não se acostumando com a cidade, preferindo **morar sozinho** em Viena. Redescobriu-se nessa temporada, relatando que foi uma das épocas de maior crescimento. Em um momento Moreno diz que "parado ali, diante de Cristo, em Chemnitz, comecei a acreditar que eu era uma pessoa extraordinária, que eu estava no planeta para cumprir uma extraordinária missão" (MARINEU, 1992, p. 37).

Em 1909, Moreno entra no curso de Medicina em Viena, onde teve uma relação de amizade com o filho do editor-chefe do jornal *Freie Presse*, Pötzl. Este deu a primeira oportunidade para Moreno trabalhar num hospital psiquiátrico. Moreno, após, mostra a indignação ao constatar que muitos dos clientes que entravam na ala psiquiátrica só saiam após estarem mortos. Não tinham outra chance nem outro olhar profissional para a mudança (MARINEAU, 1992). Após alguns anos, Moreno entenderia que poderia propor essa mudança.

No decorrer do tempo, segundo Nudel (1994b), Moreno passou a frequentar parques de Viena, nestes lugares encontrava crianças, e criava jogos e histórias com elas. Explorando, dessa forma, a criatividade e iniciando os estudos, sem perceber, de sua teoria.

No final do curso de Medicina, em 1915, e começo da profissão, Moreno trabalhou num campo de refugiados, na Áustria e na Hungria.

> Havia muitos problemas nos campos, principalmente porque nenhum esforço era feito para levar em consideração, entre os refugiados, afinidades de religião, estilo de vida, posição social e assim por diante [...] Moreno percebeu a importância de levar em consideração as preferências e afinidades das pessoas, se deveriam ser mais felizes em situações cuja dificuldade lhes fosse inerente. (MARINEAU, 1992, p. 55)

Conforme Marineau (1992), Moreno trabalhava como médico da família, em 1920, e nesse período teve um cliente que pediu para Moreno ajudá-lo em seu suicídio, pois não queria mais viver, assim iniciou o primeiro processo terapêutico de Moreno. Marianne, sua primeira esposa, era o ego auxiliar, o cliente, o protagonista e Moreno o diretor. Moreno falou sobre esse protagonista como sendo seu primeiro cliente internado. Com psicodrama, esse cliente reaprendeu o sentido de sua vida, desistindo da ideia do suicídio.

Percebe-se, assim, que Moreno foi criando bases e caminhos trilhados, aquecendo-se, até chegar o ano de 1922, exatamente dia 1º de abril. Moreno, vestido de bobo da corte, sobe no palco. Neste só há um trono e uma coroa. Ele apresenta-se e convida as pessoas a subirem no palco e apresentarem suas ideias de como um bom líder deveria ser. Muitos o chamaram de louco e ninguém subiu, inúmeros até saíram do teatro (MARINEAU, 1992).

E, você, subiria ao palco e se colocaria neste papel?

Encantado com o teatro, Moreno continua apostando nos palcos. Até que chega um dos seus mais aclamados casos, Jorge e Bárbara. Segundo Franco (2004), Bárbara sempre participava de sessões de teatro com Moreno, fazendo papéis doces e amáveis. Jorge, que também participava do teatro, logo se apaixonou por Bárbara.

Casaram-se. Após um tempo, Jorge conversou com Moreno e disse que aquela mulher que se casou não existia mais.

> Ciente disto, Moreno solicitou à atriz [Bárbara] que encenasse uma notícia de jornal – uma prostituta que havia sido assassinada por seu gigolô. Assim, foi possível perceber a espontaneidade e a criatividade reprimidas na vida matrimonial de Barbara e, consequentemente, restabelecer a relação do casal. (FRANCO, 2004, p. 55)

Ou seja, no momento em que Bárbara conseguiu depositar nos palcos esse outro papel, acalmou-se, como se estivesse algo engasgado em sua garganta e que conseguira expor, podendo ser, novamente, tranquila.

Moreno percebe o poder do teatro terapêutico, da fala e da ação, iniciando o Psicodrama! Para Moreno (1975, p. 17), o Psicodrama é "a ciência que explora a verdade por métodos dramáticos". "Com frequência Moreno referia-se ao ano de 2000, proclamando que, embora suas ideias pudessem ser prematuras para o século XX, o século seguinte seria seu" (MARINEAU, 1992, p. 162).

E realmente foi seu e do Psicodrama.

1.1.2 Conceitos fundamentais

1.1.2.1 Espontaneidade e Criatividade

A espontaneidade é o conceito matriarca do Psicodrama, pois, segundo Moreno (1975), todos os indivíduos nascem espontâneos e criativos. Assim, para Moreno (1975, p. 86), a espontaneidade não é criada pela "vontade consciente, que atua frequentemente como barreira inibitória, mas por uma libertação", mas é a liberação dos obstáculos que cada ser humano vivencia em sua vida. Martín (1996, p. 138) escreve em seu livro que a espontaneidade é a "resposta adequada às novas situações.". Ou seja, essa liberdade que Moreno, em 1975, relata, é feita de forma apropriada, tendo-se uma solução original e conveniente para o problema antigo ou novo.

> Espontaneidade, leitor, é dar uma nova resposta para algum problema. Por exemplo, sabe aquela briga que você sempre tem com o seu namorado ou namorada? Então, ser espontâneo é achar uma nova forma de resolver essas brigas, pois do jeito que estão fazendo não está melhorando o relacionamento. Entendeu? É poder ser assertivo conosco e com os outros, podendo, assim, melhorar as relações.

A criatividade está atrelada a essas situações, pois, para se criar algo novo, precisa-se de uma pitada de originalidade. De acordo com Martín (1996), a criatividade é este movimento de criar algo novo e inusitado. A criatividade e a espontaneidade "pertencem todos a uma classe só, como os tons de uma melodia" (MORENO, 1975, p. 85). Elas precisam estar afinadas e andando de mãos dadas para que, diante disso, os indivíduos consigam a alforria de seus medos e de suas conversas culturais.

1.1.2.2 Conservas culturais

A conserva cultural é o oposto da criatividade e espontaneidade. Segundo Fonseca (1980, p. 87), a conserva "é o esfriamento do calor da criação. [...] Ao valorizar excessivamente a conserva, a sociedade impede que a espontaneidade humana estoure em novas criações". Percebe-se, assim, que não há respostas novas, e sim, respostas culturalmente já vistas. De acordo com Moreno (1975), se os indivíduos tivessem só conservas culturais, não estimulariam e não modificariam suas estruturas, não percebendo suas novas responsabilidades.

Entretanto todos se perguntam: por que não há só espontaneidade já que esta é tão indispensável? e Moreno (1975, p. 60) responde: "o homem tem medo da sua espontaneidade exatamente como seu antepassado da selva teve medo do fogo: teve medo até quando aprendeu a acendê-lo".

Martín (1996) ainda sugere que se os indivíduos vivessem só na conserva cultural, voltariam para seu estado primitivo de sociedade e desenvolvimento.

Então vamos lá. A espontaneidade era achar uma boa solução para aquela briga, certo? A conserva cultural é continuar brigando e falando as mesmas coisas. Ou seja, não resolvendo. Um exemplo de conserva é o preconceito, que há tanto tempo existe e não ajuda ninguém, não é?

1.1.2.3 Tele e transferência

Segundo Bustos (2005), a tele é todo vínculo e relação entre dois ou mais sujeitos. Podendo-se ter dois caminhos: o saudável, sendo este relação recíproca e com uma correta percepção do outro; ou o não saudável, tendo uma distorção na percepção do que o outro está sentindo, chamada de transferência. De acordo com Perazzo (1994, p. 42), para não haver transferência em uma relação, é necessário de "um perfeito equilíbrio entre a percepção integrada dos diversos papéis disponíveis na relação para um com o outro.".

Ou seja, a importância e o momento essencial para se criar a tele é a compreensão do outro, entender todos os papéis, vontades e funções do outro nessa relação. Contudo perceber-se dentro de uma relação é fundamental, Martín (1996, p. 198) descreve que "a tele pode referir-se à própria pessoa [...] pode chegar a uma imagem de si mesma.". Para um sujeito ter uma relação saudável, precisa, necessariamente, perceber-se, e, assim, perceber o outro, a tele. Compreender-se a si mesmo, para depois compreender o outro e criar uma tele.

1.1.2.4 Coconsciente e Coinconsciente

De acordo com Knobel (2011, p. 56), numa relação, o coincosciente aparece nas fantasias e desejos inconscientes, como nos "perigos, medos, segredos, vergonhas, oriundos do passado", entretanto estes sentimentos não aparecem visíveis, estão em outra camada desse relacionamento. Já o coconsciente aparece nos sentimentos vistos e palpáveis, o que é dito e perceptível. Assim, fica mais perceptível o coconsciente nas relações, mas, para Ricotta (1990), é essencial que o psicodramatista olhe e perceba o coinconsciente do seu protagonista, o que ele não fala, o que não está transparente nos seus vínculos.

1.1.3 Teorias fundamentais

Dentro da abordagem do Psicodrama há várias teorias essenciais para o aprendizado dela. Segundo Mazzota (2011, p. 120), no livro organizado por Julia Motta e Luís Alves, o psicodrama aparece por meio da ação do protagonista ao "transformar-se concomitantemente, atualizando ou recriando suas verdades.". Essas modificações são a união de teorias aliadas com a prática do psicodrama. Assim, neste item abordam-se essas teorias fundamentais para uma transformação psicodramática.

1.1.3.1 Teoria dos Papéis

De acordo com Moreno (1975, p. 238), papel é uma cristalização de tudo o que o sujeito passou em sua vida, suas situações, tarefas e relações, "é uma experiência interpessoal e necessita de dois ou mais indivíduos para ser realizado", sendo a menor parte observável de conduta.

Para Moreno (1975), um indivíduo terá muitos papéis em sua vida, que podem ser divididos em papel social, psicodramático e complementar. Sendo que o papel social são papéis já estereotipados culturalmente, há moldes e expectativas para o desempenho dele, pois há sempre a relação com um outro. Moreno (1975) coloca como exemplo o papel social de policial, "um policial pode ser requerido a representar a autoridade da lei" (MORENO, 1975, p. 211). Já o papel psicodramático é a fantasia, uma forma individual da pessoa viver sua vida psíquica. Conforme Moreno, em seu livro *O psicodrama*

(1975), o papel psicossomático tem relação com o físico e com a parte corporal de cada ser humano. Para Bustos (2005, p. 356), esse papel é a vivência desde a infância com o vínculo materno, sendo ligado "às funções fisiológicos de um bebê. Comer, dormir, defecar, etc.". E assim, continua na vida adulta, sendo as sensações corporais presentes no indivíduo.

E por último, o papel complementar, que está em todas as situações e relações, pois um papel precisa do outro para se completar e ter o seu sentido. Segundo Fonseca (1980), é muito importante o papel complementar para uma boa realização da inversão de papéis.

Segundo o Psicodrama, para um sujeito obter esses papéis em sua vida, ele deverá passar por etapas para apreender, que são: *role-taking, role-playing* e *role-creating*. De acordo com Rubini (1995, p. 14), o *role-taking* é o papel já pronto e o indivíduo só precisa imitá-lo, "cabe apenas aceita-lo, desempenhando-o da maneira já convencionada.". A partir do segundo, no *role-playing*, já é possível brincar com esse papel, inventar e se colocar nele, permitindo certo "grau de liberdade" (RUBINI, 1995, p. 4). No final, no *role-creating*, última etapa desse desenvolvimento, o sujeito já pode criar e se libertar, já é dele esse papel e, diante disso, pode usar sua espontaneidade e criatividade para dar sua cara a ele. Todos os papéis precisam passar por esse ciclo a cada nova aprendizagem.

Bustos, em seu livro intitulado *O psicodrama*, de 2005, descreve a teoria dos *clusters*. *Cluster*, para Bustos (2005), é um padrão de agrupamento de papéis, como uma dinâmica em que as pessoas se unem diante do próprio papel ou do papel de outro sujeito que desempenham juntos. Bustos (2005) os *clusters* em três: o materno, o paterno e o fraterno, sendo esses vínculos/agrupamentos primários, podendo-se desenvolver de forma sadia ou não, formando os vínculos futuros com os próximos papéis que o indivíduo encontrará em sua vida. O *cluster* 1, ou materno, é o momento que o sujeito "aprende a receber, aceitar e desfrutar de cuidados, a conviver com a dependência e a vulnerabilidade" (BUSTOS, 2005, p. 356-357). Aqui percebe-se o prazer e, assim, Bustos (2005) menciona que, nesse *cluster*, iniciar-se-á as bases de respostas sexuais futuras. O *cluster* 2, ou paterno, molda "comportamentos ligados a padrões rigidamente polarizados: certo e errado, bom e mau, feio e bonito, etc." (BUSTOS, 2005, p. 358). O *cluster* 2 é atribuído à aprendizagem da socialização, pois a criança perceberá que não há só a proteção do papel da mãe, e sim novos papéis vivenciados em sua vida. Por fim, o *cluster* 3, ou fraterno, de acordo com Bustos (2005, p. 362), não precisa ser vivenciado com irmãos(ãs), podendo ser com amigos e colegas, pois está ligado ao ensinamento da igualdade, da fraternidade, "propiciando ao indivíduo, de forma crescente, o aprendizado de relações de forma simétricas". Nesse *cluster*, aprende-se a compartilhar e dividir com o outro.

1.1.3.2 Teoria dos Vínculos

Vínculo é o termo "usado para descrever o processo individual de estabelecimento de ligações com o outro." (AGUIAR, 1990, p. 48). É o relacionamento entre as pessoas, conhecer e estabelecer a tele entre os sujeitos que terão afinidades e propósitos afetivos e intelectuais similares. Já para Fator (2010, p. 9), os vínculos são "mais que uma relação, é uma inter-relação afetivo-perceptual", sendo uma relação mais forte e que consiste numa manutenção perpétua de força e carinho mútuo. De acordo com Nery (2014), para se estabelecer um novo vínculo, o sujeito traz marcas de vínculos anteriores, que influenciarão a cognição e a conduta diante desse novo relacionamento, chamado por Nery (2014, p. 23) de "lógicas afetivas de conduta". Ou seja, se algum vínculo passado nos fez bem, traremos no coincosciente o sentimento para a formação de um novo vínculo semelhante com o antigo.

Isso acontece muito! Pare e pense em alguns vínculos que você está tendo agora, com um amigo ou com algum familiar. Este vínculo não se assemelha com algum já vivido anteriormente? Muitos medos e defesas de nossas vidas são feitas por causa dessa lógica afetiva de conduta.

Em seu livro, Aguiar (1990) mostra três tipos de vínculos, que são: os atuais, os virtuais e os residuais. Os atuais são os vínculos nos quais os sujeitos da relação dividem suas percepções e expectativas, há uma entrega bilateral. "Os parceiros dessa relação caracterizam-se pela sua concretude, sejam eles pessoas, animais ou objetos inanimados" (AGUIAR, 1990, p. 51). Os vínculos virtuais estão na parte da fantasia, o indivíduo tem relação com objetos inanimados ou com pessoas distantes de sua realidade, como cantores ou divindades religiosas. Como Aguiar (1990, p. 61) remete em seu livro, esse vínculo virtual "responde na imaginação do sujeito, a um desejo e à busca de correspondente". A última classificação são os vínculos residuais, que consistem nas convivências que já foram no âmbito real, ou vínculos atuais, mas por alguma questão tiveram sua ruptura, como uma morte ou separação, e encontram-se desativados.

O Psicodrama tem uma vasta biblioteca de teorias, todavia, neste livro, as teorias explanadas serão mais usadas nas discussões adiante. Para Perazzo (2010, p. 63), "a teoria pura e simples tem sempre de ser comprovada com o resultado prático que vivenciamos e observamos.". Sendo uma cocriação, do terapeuta e do protagonista, para Nery (2014, p. 20), essa união de criação é a ligação de papéis, um "encontro de espontaneidades", na qual os dois sujeitos entram de alma para que ocorram transformações teóricas e práticas.

1.2 O MÉTODO PSICODRAMÁTICO

O método psicodramático fundamenta-se no tripé: instrumentos, contextos e etapas (GONÇALVES; WOLFF; ALMEIDA, 1988).

1.2.1 Instrumentos

Segundo Rojas-Bermúdez (2016), é essencial para o psicodrama saber os instrumentos de uma sessão psicodramática, que são: protagonista, diretor, ego auxiliar, cenário e público. Para Rojas-

-Bermúdez (2016, p. 35), com todos em sintonia será obtida uma "catarse de integração e o 'insight psicodramático'".

Protagonista é a figura central da ação dramática, quem carregará os conflitos na cena proposta (AGUIAR, 1990). No psicodrama individual, é o cliente que procura a psicoterapia, o qual irá compor as cenas e dramatizá-las.

O **diretor**, segundo Menezes e Santos (2013), tem três funções principais: produtor, terapeuta principal e analista social. Assim, o diretor deverá, junto com o protagonista, montar a cena (produtor), dirigir a cena (terapeuta) e perceber o público, fazendo uma leitura em torno do conteúdo da sessão, influenciando o protagonista (analista social). Uma parte essencial para um psicodrama: o diretor precisa se responsabilizar e se sensibilizar pela cena do outro, eticamente e profissionalmente.

A função do **ego auxiliar** é a contribuição para a percepção dos "sentimentos e pensamentos não expressados que duas pessoas ligadas numa situação vital íntima têm entre si" (MORENO, 1975, p. 245). É uma terceira pessoa na díade protagonista-diretor que auxilia na cena dramática, trazendo recortes e entrando em papéis estipulados pelo protagonista. Em muitos casos, nas sessões individuais, não há o ego auxiliar como pessoa, mas sim em forma de almofadas ou outros instrumentos.

O **cenário** é primordial para a resolução do conflito ocorrer, pois nele o protagonista conseguirá entrar em cena, no "como se". Para Aguiar (1990), o objetivo do cenário é o pertencimento do aquecimento do público e do protagonista, tendo elementos que fazem o protagonista ter lembranças do conflito trabalhado.

Por último, o **público,** que são as pessoas que o protagonista interage durante a sessão de grupo de psicodrama (FATOR, 2010). Segundo Moreno (1975), o público tem a função de ajudar o protagonista, mas também de ser ajudado, ou seja, se o público interage nas cenas dramáticas, haverá, também, transformações entre essas pessoas. No psicodrama individual não há plateia.

1.2.2 Etapas do Psicodrama

Segundo Mazzota (2011, p. 119-120), "através da ação do protagonista o grupo se revela, se conhecendo e se organizando para as mudanças, questionando as verdades, ressignificando sua história, redefinindo seus projetos".

Percebe-se, assim, que a ação é essencial para uma sessão de psicodrama. A seguir, são descritas as etapas de uma sessão:

Aquecimento é o primeiro momento da sessão psicodramática, é o desligamento do trabalho, casa, etc., é o entrar inteiramente na terapia. Para Aguiar (1990), sem o aquecimento não há ação e transformação, comprometendo a disponibilidade e a verdadeira participação no decorrer da sessão. O aquecimento é dividido em dois: o aquecimento inespecífico e o aquecimento específico.

Aquecimento inespecífico: aqui começa a sessão de psicodrama e a percepção de si e dos outros, há a necessidade de se acalmar e colocar-se por inteiro no momento. Em sessões de grupo, esse momento fica responsável na escolha dos emergentes o protagonista na sessão (FATOR, 2010). Entretanto, numa sessão de psicodrama individual, a escolha do protagonista já é sempre certa, pois só há um emergente à protagonista, o cliente. Diante disso, Cukier (2012) ressalva que, em psicoterapia bipessoal, o aquecimento inespecífico tem como objetivo focar a atenção do protagonista na sessão, favorecendo a concentração e a aproximação com o psicodramatista. Cukier (2012) também assinala a importância do terapeuta se aquecer junto com seu protagonista e estar disponível por inteiro na sessão que está se iniciando.

Aquecimento específico: nessa etapa, os objetivos são semelhantes ao atendimento individual e em grupo, pois o protagonista começa a contar os conflitos que quer trabalhar na sessão. Segundo Cukier (2012), o aquecimento específico tem como objetivo preparar o protagonista para a dramatização. Dessa forma, é feita a composição do local, das pessoas da cena-conflito que o sujeito traz. É muito importante esse instante, também, para o psicodramatista, que poderá compreender e entrar na cena junto com o protagonista.

Para Perazzo (2010), é essencial a percepção e ativação de três iniciadores para, diante disso, iniciar uma boa e eficiente ação dramática. O primeiro iniciador é o corporal, "que deflagra sensações e movimentos aderidos [...] as imagens lembradas" (PERAZZO, 2010, p. 136). O segundo é o iniciador emocional, que tem como objetivo a lembrança emocional do que houve no conflito que está sendo relatado. Por fim, o terceiro é o ideativo, que tem a função mental de se lembrar da cena proposta.

> Aqui, leitor, é como se um desencadeasse o outro. Para vir a cena que irá ser trabalhada na sessão, é necessário que, primeiramente, o corpo se lembre, para sentir a emoção e, após, vir a lembrança da cena clara. Pronta para ser trabalhada.

Após, acontece a **dramatização**.

"Na dramatização o que acontece de significativo é que a fantasia é feita realidade numa situação muito especial, intencionalmente criado para esse fim: o espaço cênico" (AGUIAR, 1988, p. 49). Ou seja, foi feito o momento no aquecimento específico, para poder trabalhar o conflito numa forma do "como se". De acordo com Fonseca (1980), o "como se" permite ao protagonista liberar falas e ações que em seu dia a dia são impedidas. Dessa forma, o protagonista livra-se de papéis já cristalizados, tornando-se mais espontâneo.

O **compartilhamento**, em sessões de grupo, segundo Bustos (2005), é o momento que se instala a psicoterapia de grupo, pois os membros comunicam seus sentimentos e emoções na cena vista anteriormente. Sendo importante e terapêutico para todos do grupo, como também para o protagonista. Já para o bipessoal, para Cukier (1992), o psicodramatista pode ser relevante, pode contar ao protagonista algo que ocorreu em sua vida e pedir que ajude quem está a sua frente. Mas também é um momento do protagonista e deve ser explorado como ele está saindo dessa sessão, quais as aprendizagens e conflitos gerados.

No fim, há o **processamento**. Essa etapa só ocorre em momento didático, que há a explicação das técnicas expostas e do desenvolvimento da cena dramática. Para Aguiar (1990), essa etapa é a reflexão das incertezas e divergências da prática e dos conceitos do psicodrama.

1.2.3 Técnicas psicodramáticas

Neste item serão enunciadas técnicas e suas utilizações dentro de uma sessão psicodramática. Técnicas fundamentais, como a técnica do duplo, espelho e inversão de papéis, serão explanadas no capítulo da Matriz de Identidade.

Uma técnica é um recurso instrumental. Em si mesma ela não significa nada, sendo neutra. Para que assuma algum sentido, ela requer pelo menos dois elementos: uma teoria na qual se fundamenta e uma finalidade para a qual aponte (CRELIER, 1993).

O **átomo social,** segundo Moreno (1975, p. 239), é o núcleo em que "todos os indivíduos com quem uma pessoa está relacionada emocionalmente ou que, ao mesmo tempo, estão relacionados com ela". São as pessoas significativas para determinado sujeito, os relacionamentos em que ele vai vivenciando em sua vida. O átomo tem função social, essencial para todos, entretanto mais primordial é a exploração dessas relações na psicoterapia. De acordo com Cukier (2012), o átomo social como técnica é a investigação dramática dessas conexões do sujeito, visando "explorar o contexto sociométrico ao qual o paciente está se referindo" em todos os ambientes (CUKIER, 2012, p. 76). Ainda, Cukier (2012) afirma ser uma ótima técnica para início de terapia, pois, assim, o psicoterapeuta conhecerá o protagonista diante dele e o treinará para futuras dramatizações.

Durante essa técnica, conforme Martín (1996, p. 167), é preciso "estudar a intensidade com que o indivíduo é aceito ou rejeitado" pelos membros do seu átomo social. Encontra-se este estudo diante das entrevistas com cada pessoa que o sujeito colocou em seu átomo. Essa entrevista deverá ser realizada, segundo Cukier (2012), durante a aplicação da técnica, na qual o protagonista se colocará no lugar de cada uma de suas relações e responderá perguntas específicas feita pelo psicodramatista.

Essas relações podem mudar, dessa forma, o átomo social que foi feito na primeira sessão pode modificar após várias sessões. Assim, percebe-se que o átomo social de cada sujeito é "essencialmente mutável e dinâmico" (MATÍN, 1996, p. 168).

Dê uma paradinha, pegue uma folha e faça seu átomo social. Como ele fica? Cheio de pessoas? Meio vazio? Onde você está em relação a essas pessoas? Assim, conseguiremos repensar como estão nossos vínculos.

A técnica do **solilóquio**, para Moreno (1975, p. 245), "é usada pelo paciente para duplicar sentimentos e pensamentos ocultos que ele teve". Sentimentos esses que podem ser sentidos no momento da sessão psicodramática ou anteriormente. Segundo Monteiro (1993), percebe-se o solilóquio quando o protagonista exprime o que está sentindo em forma de palavras. Originalmente a técnica do solilóquio era realizada quando o "diretor pedia [para o protagonista] para expressar em voz alta o que sentia" (MONTEIRO, 1993, p. 150). Diante disso, o protagonista consegue efetivar a catarse, pois percebe-se na relação e coloca seus sentimentos não vistos nesses conflitos, tendo, assim, a expressão dos sentimentos e conflitos do mundo interno do sujeito.

De acordo com Monteiro (1993, p. 41), a técnica de **concretização** "abrange a representação de objetos inanimados, partes do corpo e entidades abstratas [...] com a utilização de imagens, movimentos, tomadas de papel.". Ou seja, é a percepção e a constatação do sujeito em relação ao conflito que ele traz, visualizando e concretizando.

A proposta da técnica de **maximização** é, segundo Cukier (2012), aumentar exageradamente algum sentimento ou palavra que o protagonista faz na sessão de psicodrama, e, assim, poder enxergá-lo melhor.

Moreno relata (1999, p. 139) que na técnica de **projeção para o futuro**, "o paciente mostra como imagina seu futuro [...] levamos [o protagonista] a valorizar o que realmente poderá ocorrer em seu futuro". Crelier (1993) percebe que essa técnica faz com que o protagonista reflita o seu presente e crie um profundo compromisso com o futuro desejado.

Rosa Cukier (2012, p. 54) menciona em seu livro que a técnica de **psicodrama interno** é um "trabalho de dramatização onde a ação dramática é simbólica", quer dizer, o protagonista irá vivenciar o conflito em seus pensamentos, não os dramatizando na cena dramática. Para Cukier (2012), essa técnica demanda um vínculo de confiança entre protagonista e psicodramatista.

A respeito da técnica de **interpolação de resistência**, Cavalcante (1993, p. 123), exemplifica que resistência são todas "atitudes, comportamentos ou ações que dificultam o avanço do tratamento e que provêm do paciente ou do terapeuta.". Então, nessa técnica, é utilizada a fala do psicodramatista, na qual este relata essas atitudes e comportamentos do protagonista, num confronto, para, assim, o cliente perceber suas resistências, podendo quebrá-las. O objetivo, dessa forma, é usar essa técnica para encontrar caminhos em que o sujeito seja espontâneo novamente.

1.3 MATRIZ DE IDENTIDADE

Matriz de Identidade é uma das maiores e mais importantes teorias dentro do Psicodrama. Para Moreno (1975, p. 112), a matriz de identidade são os "alicerces do primeiro processo de aprendizagem emocional da criança". Sendo, assim, imprescindível para todos os indivíduos, para uma boa formação da sua maturidade emocional. Continuando, Moreno (1975, p. 118) cita que a matriz de identidade é a "placenta social", na qual cada ser humano entende-se como ser individual e ser participante de uma comunidade. Sendo o local que se percebe as raízes de personalidade de cada um. Para Fonseca (2012), essa teoria de desenvolvimento do psicodrama é, também, um esboço de uma teoria da personalidade. Intensificando a força da matriz em todo o desenvolvimento infantil e adulto.

No primeiro momento, Moreno divide a matriz de identidade em dois universos, ou seja, os mundos em volta da criança. Para Moreno (1975), no primeiro Universo a criança só vive pelo presente, não percebendo a existência do passado e do futuro, o que o autor denomina de *síndrome de fome de atos*. E também mostra que a criança não sonha, já que não guarda memórias passadas, não tendo conteúdos para realizar esses sonhos. Esse primeiro universo é dividido em dois períodos: o primeiro denomina-se identidade total, sendo que todos os objetos e pessoas não são distinguidos. Segundo Moreno (1975, p. 119), nesse período, os objetos e a própria criança "não são diferenciados como tais, mas experimentados como uma multiplicidade indivisível.". Já o segundo período é chamado de identidade total diferenciada ou realidade total diferenciada. Aqui a criança já consegue diferenciar os objetos de si e os objetos das outras pessoas. Entretanto, para Moreno (1975, p. 119), "ainda existe diferença efetiva entre real e imaginado", ou seja, a criança não sabe discriminar a aparências das coisas, diferenciar-se do espelho, por exemplo.

No segundo Universo, a criança, descrita por Moreno (1975), já consegue distinguir fantasia da realidade, tendo dois aquecimentos preparatórios, para o ato da fantasia e para o ato de realidade. A criança começa a "estabelecer meios que permitam ganhar completo domínio da situação, vivendo em ambos os caminhos" (MORENO, 1975, p. 123). Sendo que o indivíduo só consegue ter essa condição com o surgimento e o crescimento da função da espontaneidade. Moreno (1975, p. 153) define a espontaneidade como o "fator que faz parecerem novos, frescos e flexíveis, todos os fenômenos psíquicos". É estar em concordância com o momento, ter as respostas adequadas para cada situação da vida. É isso que os indivíduos aprendem nesse segundo Universo. Para Fonseca (2012), é nessa época que se distinguem os papéis psicológicos ou imaginários, relativos à fantasia, e os papéis sociais, referentes à realidade.

A Matriz de Identidade é sinônimo de desenvolvimento. De acordo com Moreno (1975, p. 115), "a matriz de identidade dissolve-se gradualmente, à medida que a criança vai ganhando autonomia.". Sendo assim, Moreno (1975) escreve cinco fases de desenvolvimento.

A primeira fase é quando a criança não se diferencia do outro. Para Moreno (1975, p. 112), "a outra pessoa é, formalmente, uma parte da criança". Essa fase é chamada de "fase do duplo". O "duplo", em psicodrama, é uma técnica que, de acordo com Guerra (2008), o outro expressa em gestos e palavras o que o indivíduo não consegue falar, dando voz ao protagonista. No começo da vida, os pais desempenham esse papel de interlocutor.

A segunda fase é quando a criança percebe o outro observando-o, a parte que era dita como parte da criança (MORENO, 1975). Para Fonseca (2012), nessa etapa, a criança concentra sua atenção no outro, captando-o.

A terceira fase, conforme Fonseca (2012), é o momento em que a criança se separa do outro. Separando-se em partes, focando-se em tudo e todos. Essa fase é chamada de "fase de espelho". Outra técnica do psicodrama que adveio desse momento: a técnica do espelho. Segundo Rosa Cukier (2012), o objetivo dessa técnica é o protagonista se ver fora da cena e perceber como está agindo em cada situação. Ou seja, a criança e, igualmente, o protagonista, olham-se de fora, notando seus comportamentos e partes corporais, não precisando mais de um outro para esse movimento.

A quarta fase, para Moreno (1975), consiste no momento em que a criança representa o papel de outro, situando-se no outro.

A quinta fase, e última, Moreno (1975) descreve como aquela em que a criança já consegue reproduzir o papel do outro e permite que uma terceira pessoa faça o seu papel. Finalizando, assim, a inversão de papéis. Portando essa fase se chama "fase de inversão". A inversão de papéis, técnica usada no psicodrama, conforme Bustos (2005), consiste em o indivíduo trocar de papel com outros personagens de sua vida e vice-e-versa, podendo esses outros entrarem em seu papel. Dessa forma, é uma ferramenta muito utilizada tanto no consultório quanto no cotidiano, pois reflete a flexibilidade e o andamento saudável do papel social, que se aprendeu no segundo universo descrito por Moreno (1975).

Conforme Moreno (1975, p. 112), "estas cinco fases representam a base psicológica para todos os processos de desempenho de papéis e para os fenômenos tais como a imitação, a identificação, a projeção e a transferência".

Mais adiante, em 1980, foi lançado o livro *Psicoterapia da loucura*, do psiquiatra e psicodramatista José Fonseca. Esse livro contém um estudo aprofundado da Matriz de Identidade, "o esquema que passarei a descrever, apesar do embasamento em Moreno e Buber, sofreu modificações pessoais." (FONSECA, 1980, p. 83). Sendo assim, Fonseca, com base na Matriz de Identidade proposta por Moreno, desenvolve suas ideias.

> Ao descrever o desenvolvimento infantil, a matriz de identidade moreniana deixa espaço para que outros conhecimentos sobre o tema sejam acrescentados, sem que, necessariamente, perca-se o eixo fenomenológico original. (FONSECA, 2009, p. 6)

Fonseca descreve 10 etapas da Matriz de Identidade. A primeira é chamada de *Identificação*, sendo a fase primária da Matriz. Segundo Fonseca (1980), a criança quando sente frio e fome, acredita que um terceiro irá se encarregar de resolvê-los. A criança está numa mistura e não sabe quando começa ela e quando começa o outro. A criança "não distingue o Eu do Tu (Tu-pessoa ou Tu-objeto)" (FONSECA, 1980, p. 84). Sendo que o Eu seria a criança. Fonseca (1980) mostra que a criança não consegue sobreviver sozinha, precisando de um ego-auxiliar, que, muitas vezes, são os pais. Novamente, nessa primeira etapa da Matriz, a criança precisa do outro dizendo o que necessita, ou seja, a técnica do duplo já exemplificada.

A segunda fase é a *Simbiose*. Nessa etapa, a criança já percebe o Tu diferente de si, mas não consegue estar longe deste. "Assim, teríamos a criança ainda unida por uma forte ligação com a mãe" (FONSECA, 1980, p. 86). Fonseca (1980) ainda aponta que se essa fase não é bem resolvida na infância, acarreta prejuízos na fase adulta, sendo um adulto-Eu com dependência de um objeto-pessoa-Tu.

A terceira fase é designada por *Reconhecimento do Eu*. De acordo com Fonseca (1980), a criança já se reconhece, descobrindo sua própria identidade, criando entendimento de si e separando-se do Tu, da mãe ou de objetos. Nesse mesmo capítulo, Fonseca (1980, p. 87) discorre que a criança até então não reconhecia sua imagem no espelho, e, nesse momento, "toma consciência que a imagem refletida é ela mesma". Sendo, aqui, o princípio da técnica do espelho, descrita anteriormente.

A quarta fase é denominada de *Reconhecimento do Tu*. Esse período faz parte do processo do Reconhecimento do Eu, pois, no momento em que a criança se diferencia, percebe os dois lados. Conforme Fonseca (1980), essa distinção das duas fases é mais para caso didático. Nessa fase percebem-se as dúvidas do outro, as diferenças de corpos e a comparação com outras pessoas. A criança começa a distinguir o outro. "Trata-se da fase em que ela [criança] descobre que o outro sente e reage em relação às suas iniciativas". (FONSECA, 1980, p. 89).

A quinta fase é chamada de *Relações em Corredor*. Fonseca (1980) compreende esse período com o qual a criança adquire a capacidade de diferenciar a fantasia da realidade. O Eu, nesse momento, "sente-se única, central" (FONSECA, 1980, p. 90). Não compreendendo, dessa forma, que o Tu pode se relacionar com outras pessoas. De acordo com Fonseca (1980), a criança acredita que o outro é só dela, não conseguindo ter relacionamento com várias pessoas ao mesmo tempo.

A sexta fase é nomeada de *Pré-Inversão*. Nesse momento, segundo Fonseca (1980), a criança inicia a preparação de conseguir inverter o papel com outras pessoas. Aqui é perceptível que a criança já consegue colocar-se no lugar da boneca, ou em alguns momentos da própria mãe. Para Fonseca (1980, p. 90), a criança "realiza o jogo do papel do Tu, mas sem a inversão, sem reciprocidade". Ou seja, a criança entra no papel do Tu, mas ainda não compreende o Tu entrar no papel do Eu.

A sétima fase recebeu o nome de *Triangulação*. Em conformidade, Fonseca (1980, p. 91-92) relata que essa etapa é quando a criança percebe "que não é a única para o seu Tu; existe um Ele (alarme!). E um Ele que tem relação com o 'seu Tu'." A criança sente-se roubada e trocada. Se não bem solucionada, essa fase pode acarretar muito sofrimento familiar e pessoal do Eu-criança. Uma solução que Fonseca (1980) descreve é a criança perceber que não há, necessariamente, uma ameaça, e sim uma nova relação dela com esse outro-Ele e que o Tu precisa estar independente do Eu-criança.

A oitava fase é denominada de *Circularização*. Após a criança conseguir perceber o Ele dessa relação, conseguirá relacionar-se com outras pessoas que não são, obrigatoriamente, o Tu. Fonseca (1980, p. 94) denomina, dessa forma, de "socialização da criança". Agora, a criança consegue relacionar-se com várias pessoas. "Assim, a fase de circularização representa a entrada do ser humano na vivência sociométrica dos grupos" (FONSECA, 1980, p. 95). A criança torna-se indivíduo de uma comunidade, com regras e possibilitando uma relação de Eu-Nós, sendo o Nós toda a sociedade.

A nona fase é chamada de *Inversão de Papéis*. Nesse instante, a criança já consegue realizar a inversão de papéis, designando a técnica do psicodrama supracitada. Segundo Fonseca (1980), o Eu realiza a inversão com o Tu e deixa que o Tu entre no papel do Eu, completando com sucesso a inversão de papéis. Ganhando, dessa maneira, conforme Fonseca (1890, p. 96) exemplifica, "conhecimento da realidade de outros mundos pessoais e, consequentemente, também do seu". É um momento saudável e de maturidade para todos os indivíduos.

A décima fase é nomeada de *Encontro*. "O Encontro acontece ex-abrupto e de forma tão intensa que a espontaneidade-criatividade presente é liberada no ato de entrega mútua (princípio de entrega)"

(FONSECA, 1980, p. 97). É a verdadeira inversão de papéis, é o momento em que o Eu e o Tu estão completos e dispostos na relação.

Aqui, terminam as fases da Matriz de Identidade. Entretanto Fonseca (1980) descreve a matriz como um voo e que só terá final na morte. Todos indivíduos sempre estão se redescobrindo, e, dessa forma, criando e recriando novas fases para o seu Eu e para o outro Tu.

Para quem ainda não tinha ouvido falar sobre a Matriz de Identidade parece muita coisa, certo? Mas tente colocar em algo da sua vida. Por exemplo, um relacionamento. Você se lembra, no começo era só você, depois conheceu essa pessoa e grudou nela, uma paixão enorme! Após, começamos a nos reconhecer e ver quem é esse outro. Começamos a nos diferenciar. Depois disso, começamos a conhecer amizades e família. Pode bater aquele ciúme. Mas continuamos, até que chega uma fase que ainda amamos o nosso relacionamento, mas aprendemos que não precisamos ficar tão grudados assim. Viu? Percebe as fases? Tente. Assim, fica mais fácil.

1.3.1 Matriz de Identidade Sexual

Fonseca, em seu livro *Psicodrama da relação*, de 1999, e em sua última edição em 2010, descreve na parte IV, intitulada "Psicodrama e Sexualidade" (2015), a relação da Matriz de Identidade com a Sexualidade Humana. "Ocorreu-me então refletir sobre a relação do eu consigo mesmo (eu-eu) e do eu com o tu, com o outro (eu-tu), em termos do desenvolvimento sexual." (FONSECA, 2010, p. 217).

Para Fonseca (2010, p. 222), "os papéis sexuais, como todos os outros, são constituídos pelos papéis psicossomáticos, papéis da fantasia ou da imaginação e papéis sociais". Ou seja, o papel sexual do indivíduo é a união dos papéis que representam a base fisiológica, a base psicológica e a base cultural e social do sujeito. Juntos, assim, formam a identidade sexual que a pessoa irá desempenhar em sua vida. Segundo Fonseca (2010, p. 235), pode-se constatar algumas semelhanças na Matriz de Identidade entre os homossexuais, como a forte ligação simbiótica do Eu-Tu, sendo o Tu, a mãe. Entretanto não se pode criar algo só característico para essa população, pois "os encontramos também em famílias de heterossexuais.". Dessa forma são apresentadas as 11 etapas da Matriz de Identidade Sexual:

A primeira é a *Indiferenciação sexual*. "Quando uma criança nasce, e até um certo período da vida, ela não tem consciência de sua identidade sexual." (FONSECA, 2010, p. 223). Assim, o sujeito ainda não tem o entendimento de seu papel em relação à sua sexualidade, não sabendo diferenciar o que é um homem e o que é uma mulher. Segundo Fonseca (2010, p. 223), há uma "mistura existencial" com o mundo ao seu redor.

Segunda, a *Relação-separação*. Nessa fase, a criança não diferencia as figuras sexuais humanas, gosta do ser humano por completo, não se distinguindo pelo sexo. Criando relações mais fortes por pessoas mais próximas, como pai e mãe. Fonseca (2010) menciona que é nessa época que se formam os vínculos principais, relações duradoras, e, nesse mesmo momento, a criança aprende que, muitas vezes, esses vínculos podem se separar, ensinando a dor do abandono. Da mesma forma que na vida sexual adulta, os vínculos e relacionamentos se fortalecem e podem se separar, causando sofrimento no sujeito.

Terceira, a fase *Eu sexual ideal*. Aqui, de acordo com Fonseca (2010, p. 224), a criança percebe-se no olhar da mãe, havendo amor ou rejeição. Diante disso, a criança irá se discriminar e confundir-se como "um tu ideal, um tu frustrador ou simplesmente um tu". Uma dúvida que se leva até a vida adulta: "como este outro me observa", o medo de não ser aceito por quem se deseja, "pode-se dizer que se inicia a díade ser-parecer" (FONSECA, 2010, p. 224), ou seja, moldar-se pelo que a sociedade ou determinada pessoa quer e deseja do sujeito.

A quarta etapa é designada de *Relações em corredor*. Conforme Fonseca (2010, p. 225), essa fase "caracteriza-se pelo desejo de exclusividade e, de forma distorcida, pela posse e obsessão do outro (tu)". Em muitos casos, inicia-se com a mãe, e na vida adulta transfere-se para as relações amorosas, nas quais não há distinção entre as duas partes dessa relação, exigindo que o parceiro supra todas as necessidades do outro. "A busca do parceiro-mãe (matriz), independente do sexo que se tenham consolidado a princípio, o fracasso de algo que já não pode mais ser obtido" (FONSECA, 2010, p. 226). Uma relação sufocante, na qual, um ou os dois integrantes não conseguem viver sem o outro.

A quinta é chamada de *Reconhecimento do eu sexual*. Nessa fase, a criança reconhece seus órgãos genitais, percebendo diferença dos sexos: masculino e feminino. Segundo Fonseca (2010, p. 226), "a partir daí se forma a identidade de gênero", termo este que será explanado na segunda parte deste livro. Para Fonseca (2010), há três épocas em que o sujeito realiza esse reconhecimento do eu sexual: na infância, quando descobre seus genitais; na adolescência, quando os genitais aumentam e os hormônios aparecem; e na terceira idade, momento em que há um novo olhar para a sexualidade.

A sexta etapa é nomeada de *Reconhecimento do tu sexual*. Acontece ao mesmo tempo da fase anterior, pois quando se percebe a si, concomitantemente, distingue-se do outro. Dessa forma, a criança que se percebe de um sexo, compreende que o outro pode ser do mesmo sexo ou do outro sexo. Para Fonseca (2010, p. 228), "o tu sexual representa a primeira internalização do sexo oposto".

A sétima é conhecida por *Pré-inversão de papéis ou desempenhar o papel do outro*. Há uma imaginação da ação. Ou seja, essa fase "engloba todas as situações sexuais imaginadas como excitantes e prazerosas" (FONSECA, 2010, p. 228). Há a criação do que o outro gosta, colocar-se no papel do desejado. Nessa parte, encontra-se um treinamento de papel para o papel sexual do sujeito.

A oitava fase é a *Triangulação sexual*. Nessa, a criança percebe um terceiro na relação: ele. Segundo Fonseca (2010, p. 229), agora "está implícito uma comparação e uma possível competição". Aparece o ciúme, sentimento que acompanha durante toda a vida do sujeito, podendo causar sofrimento nas relações futuras. Na adolescência, essa fase é revivida em alguns indivíduos, manifestando-se no medo de não ser o bastante para o outro e esse terceiro o roubar. O ado-

DA ESPONTANEIDADE À DIVERSIDADE

lescente cria uma dinâmica que precisa "obter prazer, proporcionar prazer e vencer o competidor sexual" (FONSECA, 2010, p. 229).

A nona chama-se de *Circularização sexual*. Nesse período, iniciam-se as conversas sobre sexo, dividindo em subgrupos, as meninas e ou meninos. De acordo com Fonseca (2010, p. 230), há diferenças na conotação dessas conversas na fase da infância e da adolescência, entretanto, essas "conversas sobre sexo recebem a cumplicidade do grupo" nas duas épocas, criando piadas e, assim, diminuindo os possíveis medos e apreensões sobre o assunto.

A décima etapa é denomina de *Inversão de papéis sexuais*. Esse momento "significa a culminância do processo do desenvolvimento sexual" (FONSECA, 2010, p. 230). Há a completa inversão, o parceiro coloca-se no lugar do outro(a) companheiro(a) e assim conseguem ter uma relação linear, na qual podem conversar e, conforme Fonseca (2010, p. 230) menciona, a relação traduz-se na "possibilidade de apreender a sensibilidade do outro sexo".

A décima primeira e última etapa é nomeada de *Encontro sexual*. O encontro modifica a consciência, paralisando os integrantes da relação no aqui e agora, só existem eles. Nesse tempo "é acionado pela transcendência de uma excitação sexual maior. Tanto pode acontecer em consequência de um orgasmo atípico, como pela ausência dele" (FONSECA, 2010, p. 230).

Para Fonseca (2010), o papel sexual sempre está presente em nossas vidas, e precisa ser compreendido e admirado. A sexualidade não precisa estar atrelada ao ato sexual, e sim sendo equivalente a autoestima, a se amar e amar o outro. É conhecer-se. "A sexualidade é um componente da boa saúde, inspira a criação e é parte do caminho da alma" (ALLENDE, 2002, p. 85).

Olá! Você percebeu que dependendo de qual fase você teve mais dificuldade de seguir, é ali que estão os seus problemas de relacionamento? Por exemplo, se na fase de circularização alguém foi grosso ou ríspido ao responder uma pergunta sobre sua sexualidade e o marcou, isso pode fazer com que você nunca mais queira falar sobre sexo com alguém. Não é nada fechado, entretanto nossas dificuldades vêm de algum lugar e pode ter surgido em alguma dessas fases.

1.4 GÊNERO E SEXUALIDADE

Agora chegou a hora de conhecer mais sobre os protagonistas deste livro. Está empolgado? Eu estou!

1.4.1 Conceitos básicos da sexualidade

Alguns termos da língua portuguesa são confundidos ou podem ser mencionados como sinônimos. Quando se trabalha com a temática da sexualidade, alguns conceitos devem ser diferenciados para uma maior clareza e entendimento. Assim, serão explanados os termos: sexo, identidade de gênero, orientação sexual e expressão de gênero.

Sexo terá o teor biológico, ou seja, o órgão genital que cada um nasce. Para Chiland (2008, p. 82), sexualidade tem:

> [...] base na aparência dos órgãos genitais externos, [...] que se conclui que a criança é macho ou fêmea, e se declara a criança o sexo masculino ou feminino. No vocábulo da distinção entre sexo e gênero, seria possível dizer que um sexo [é o] (reconhecimento de seus órgãos genitais).

O termo sexo faz referência ao sexo feminino e ao sexo masculino ou sexo intersexual, antigamente chamado de hermafrodita. O sexo biológico, culturalmente e historicamente, é determinista para a percepção dos comportamentos apropriados a cada sujeito.

Grossi (1998) comenta que **identidade de gênero** é um sentimento individual de cada ser, é a resposta da pergunta "quem eu sou?". Diante disso, o indivíduo pode se definir sendo cisgênero ou transgênero. Cisgênero é o indivíduo que tem sua identidade de gênero correspondente ao seu sexo, já os transgêneros tem sua identidade diferente de seu sexo. Por exemplo, um transexual homem se definirá com a identidade de gênero homem, mas seu órgão sexual é feminino. Percebe-se, assim, que não há relação entre o órgão genital e a identidade de gênero. De acordo com Louro (2003), identidade de gênero está ligada ao que cada sujeito acha de si e de sua individualidade. A concepção de ser de cada sujeito.

Segundo os Princípios de Yogyakarta (2006, p. 15), **orientação sexual** é

> uma referência à capacidade de cada pessoa de ter uma profunda atração emocional, afetiva ou sexual por indivíduos de gênero diferente, do mesmo gênero ou de mais de um gênero, assim como ter relações íntimas e sexuais com essas pessoas.

Para Cardoso (2008), a orientação sexual está intimamente ligada ao sentido do desejo sexual e afetivo, desejo de se unir a alguém, e, diante disso, construir relações saudáveis. Orientação sexual pode ser encontrada em: homossexual (sente atração pelo mesmo sexo), heterossexual (sente atração pelo sexo oposto), bissexual (sente atração pelos dois sexos), assexual (não sente atração por nenhum sexo) e pansexual (sente atração tanto por cisgêneros quanto por transgêneros).

Já **expressão de gênero**, segundo Reis e Pinho (2016, p. 4), "é a representação física – incorporada – dessa identificação". É o modo de vestir, de andar, de se expressar. De acordo com esses mesmos autores, há, nas sociedades, linguagens pré-definidas de como cada indivíduo deve agir, segundo seu sexo, ocasionando sofrimento para as pessoas que não seguem e não querem seguir esses comportamentos definidos pelos outros, mas querem seguir e definir seus próprios meios de se expressarem.

Atualmente são mais comumente vistas as expressões de gênero: feminina, masculina e andrógena. Para a construção de uma sociedade mais igualitária, surgem os não binários, sendo os indivíduos que não se adequam a nenhuma das expressões de gênero. Reis e Pinto (2016) afirmam que os não binários permeiam a neutralidade, ambiguidade e multiplicidade em um só sujeito.

> Mas calma, leitor, essas diferenças só são para aprendermos didaticamente. A sexualidade está tudo junto. Tudo no nosso corpo e mente. Cada partezinha dessas depende da outra. Por isso que é tão difícil compreendê-las totalmente.

Diante das diferenciações expostas, este subcapítulo, dividido em seus itens, aprofundará a sigla LGBT, tema discutido neste livro.

1.4.1.1 Gay

Segundo Fry e MacRae (1991), gay é todo homem que sente desejo sexual ou afetivo por outro homem. Popularmente conhecidos como "bichas", ou "ativos-passivos", termos heteronormativos que colocam o hetero como centro de estudos. De acordo com Bimbi (2017), a relação entre dois homens ainda é comparada à relação entre um homem e uma mulher, dita como "normal", isto é, percebida em perguntas como "quem é o homem e quem é a mulher da relação?" ou "quem é o ativo e quem é o passivo?". Novamente encontra-se a relação de papéis estereotipados de relacionamentos em que precisa dos dois sexos para, assim, se ter uma relação saudável e concreta, percebendo, dessa forma, uma conserva cultural.

Entretanto há estudos que indicam que antigamente não havia esse preconceito. Borrillo (2010, p. 45) descreve em seu livro, que a "Grécia Antiga reconhecia oficialmente os amores masculinos; se as relações sexuais entre homens desempenhavam uma função iniciá-tica, nem por isso tais ritos estavam desprovidos de desejo e prazer".

Borrillo (2010) ainda aponta casos de homens no poder tendo relações conjugais com outros homens. O autor relata a história de amor entre um poderoso soberano, chamado Uruk, com um homem, chamado de Enridu, na Mesopotâmia.

Contudo a história dos gays após esse período foi de precon-ceito e discriminação. O DSM (Manual Diagnóstico de Transtornos

Mentais), em sua primeira edição publicada em 1952, apresentava a homossexualidade em seus diagnósticos de doenças.

> Porém, só em 1973 – cerca de duas décadas depois – a American Psychiatric Association (A.P.A.) retiraria a homossexualidade da sua lista oficial de doenças mentais (DSM-III), decisão que só viria a ser seguida pela Organização Mundial de Saúde (O.M.S.) em 1991, altura em que a homossexualidade é retirada da sua Classificação Internacional de Doenças (CID, 10). (BRANDÃO, 2008, p. 6)

O homem gay também reaparece em noticiários, nos anos 80. Nesta década há um aumento de casos de Aids (Síndrome de Imunodeficiência Aquirida), doença sexualmente transmissível, e de mortes causada por ela. Boa parte das campanhas publicitárias apresentava essa doença em termos de orientação sexual. De acordo com Valle (2002, p. 12), a Aids começou a ser chamada de "doença gay", "manifestando ideias e atitudes negativas sobre a homossexualidade masculina". Atualmente a Aids e outras doenças sexualmente transmissíveis ainda são equivalentes a homens que fazem sexo com outros homens.

Outro marco relevante na história da população gay são as datas relativas ao orgulho gay. Bimbi (2017), em seu livro, descreve o dia internacional do orgulho gay, 28 de junho, também conhecido como a rebelião de Stonewal Inn. Nesse dia, em Stonewall, houve a invasão de policiais em vários bares para oprimir os gays, entretanto a população LGBT que estava presente realizou vários protestos e fizeram vigília durante três dias em frente a esses bares. Essa data é importante e lembrada, pois foi a primeira vez que a comunidade LGBT se uniu e evidenciou seus direitos.

1.4.1.2 Lésbicas

Segundo Wolff (1977, p. 44), as mulheres homossexuais ainda são tratadas com menosprezo, sendo o "segundo sexo" de importância, ou seja, há mais pesquisas, políticas públicas que englobam os gays do que as lésbicas. Percebe-se isso nos pequenos detalhes, como na forma que a sociedade chama as lésbicas, de "sapatão". Esta designação vem do homem, do homem usar sapatos grandes e largos, diferente da mulher, que, socialmente, usa sapatos delicados e pequenos. Novamente uma expressão machista que reduz a mulher.

Lésbicas são designadas as mulheres que gostam sexualmente e/ou afetivamente de outras mulheres. Segundo o Ministério da Saúde (BRASIL, 2013, p. 7),

> [...] a palavra lésbica vem do latim lesbius e originalmente referia-se somente aos habitantes da ilha de Lesbos, na Grécia. A ilha foi um importante centro cultural onde viveu a poetisa Safo, entre os séculos VI e VII A.C., muito admirada por seus poemas sobre amor e beleza, em sua maioria dirigida às mulheres. Por esta razão, o relacionamento sexual entre mulheres passou a ser conhecido como lesbianismo ou safismo.

De acordo com Brasil (2013), o movimento lésbico surge na década de 90, mostrando sua força e visibilidade no movimento feminista, assim, em 1996, ocorre o I Seminário Nacional de Lésbicas (Senale) no Rio de Janeiro. "Na ocasião, foi escolhido o dia 29 de agosto como o Dia Nacional pela Visibilidade Lésbica." (BRASIL, 2013, p. 14). Atualmente o movimento lésbico está junto ao movimento feminista, na luta contra o feminicídio (homicídios contra mulheres), salário feminino compatível com o salário masculino, violência e abuso contra a mulher, entre outros.

1.4.1.3 Bissexualidade

A bissexualidade pode ser vista em homens e mulheres.

De acordo com Lewis (2016), o(a) bissexual ainda carrega um preconceito sexual em cima dele(a), é chamado de "indeciso(a)", "promíscuo(a)", e muitos dizem que ele(a) ainda não se decidiu, está "confuso(a)". Pois, para Lewis (2016), a bissexualidade é o sujeito que gosta afetivamente e sexualmente de pessoas do sexo feminino e do sexo masculino, não significando que estará com todas as pessoas, mas sim que gosta dos dois sexos. O preconceito está aliado aos estereótipos binários de orientação sexual, que uma pessoa só é admitida sendo homossexual ou heterossexual. Saindo dessa combinação, há o preconceito e o indivíduo é visto como indeciso. Preconceito este muitas vezes visto na própria comunidade LGBT, segundo Lewis (2016). Tornando-se o grupo do LGBT menos estudado profundamente nas pesquisas de dados em sites de artigos acadêmicos, a bissexualidade é associada a doenças sexualmente transmissíveis e práticas sexuais (LEWIS, 2016). Tal dado nos mostra a importância da consideração desse grupo social nas pesquisas e intervenções desenvolvidas.

1.4.1.4 Transgêneros

Na comunidade LGBT, nos transgêneros estão incluídos transexualidade, travestilidade, *drag queens*, *crossdress*, entre outros. *Drag queen* é arte, é o sujeito homem que em seu trabalho usa vestimentas, comumente, de mulheres. *Crossdress* é uma pessoa que usa objetos e utensílios normalmente vistos do sexo oposto. Travestilidade é o sujeito que usa vestimentas comumente do outro sexo em todos lugares e áreas de sua vida.

Neste livro, haverá o aprofundamento da transexualidade, já que será esse o público da pesquisa.

Segundo Pinto e Bruns (2003, p. 49), os transexuais:

> [...] manifestam uma alta exigência de adequação ao próprio sexo com intenso desejo de correção cirúrgica do sexo que, quando não atingida, é fonte de atitudes psicopatológicas reacionais, tais como automutilação e tentativas de suicídio.

Ocasionando sofrimento psíquico no sujeito, pois não consegue realizar as exigências que uma sociedade coloca neles. Em sua pesquisa, Peres (2001) confirma que o número de tentativas de suicídio é maior na população de transexuais, quando comparado ao número de tentativas de suicídio do restante da população, pois aqueles não conseguem suprir essas exigências corporais. Confirmando essa hipótese, Peres (2001), também comenta que quando há a realização de tratamento de hormônios ou a cirurgia de redesignação sexual, a troca de sexo, existe um decréscimo nessas tentativas.

Diante disso, percebe-se a importância da luta contra a transfobia, preconceito contra os transgêneros, e da retirada da transexualidade dos manuais diagnósticos de psiquiatria, como ocorreu com a homossexualidade. Dia 20 de outubro é comemorado o Dia Internacional de Ação pela Despatologização da Identidade Trans, que, segundo Dias e Zenevich (2014), marca a luta pelos direitos humanos e a psiquiatrização das minorias para o reconhecimento de todas as identidades. A importância da despatologização (ou seja, a retirada da transexualidade dos manuais diagnósticos de doenças mentais) não é ignorar todos os estudos biológicos sobre as causas da transexualidade, mas questionar essa lógica pois: "o transexualismo passou a depender de um terceiro, do saber médico, para a afirmação de sua condição e a posterior reivindicação à cirurgia que essa condição demandava" (DIAS; ZENEVICH, 2014, p. 15).

Aqui, muitos vão comentar que tanto o DSM 5 quanto o CID 11 mudaram os nomes atualmente, sendo a transexualidade dita de disforia de gênero e incongruência de gênero, respectivamente. Mas até que ponto isso é despatologizar, leitor?

Desde 2008, a cirurgia de redesignação sexual, a cirurgia de troca de sexo, é realizada pelo SUS – Sistema Único de Saúde – e é regulamentada pela Resolução n.º 1.955/2010 (BRASIL, 2010). Entretanto para o transexual conseguir esse direito, precisa de um laudo psiquiátrico atestando a sua "doença", a sua transexualidade. Assim, o transexual deverá mostrar ao outro a sua identidade na condição de disforia de gênero, para conseguir a cirurgia de redesignação sexual e a terapia hormonal.

Àran, Zaidhaft e Murta (2008) comentam que só em 1997, o Conselho Federal de Medicina (CFM) aprovou a realização da cirurgia de redesignação sexual no Brasil, tendo como motivos essenciais: 1) as razões terapêuticas, a integração do sexo e a identidade sexual; 2) refere-se ao princípio da autonomia e da justiça, ou seja, após o diagnóstico, a pessoa tem o direito e a autonomia de ter o corpo como quer e que idealiza ser. Assim, sendo um direito de todos os cisgêneros e, também, dos transgêneros, serem felizes com seus corpos.

1.4.2 Movimento LGBT

As primeiras políticas públicas voltadas a população LGBT tem o foco no combate às doenças sexualmente transmissíveis, como HIV/Aids (FACHINI, 2003). Contudo os homossexuais já haviam sido reconhecidos e conhecidos desde 1996, no primeiro documento do Governo Federal, do Plano Nacional de Direitos Humanos, no qual consta pela primeira vez a palavra "homossexual" na política do Brasil. A partir disso, cria-se o Conselho Nacional de Combate à Discriminação, em 2001. E, em 2003 deu-se origem ao documento "Brasil Sem Homofobia – Programa de Combate à Violência e à Discriminação contra GLBT e de Promoção da Cidadania" (MELLO; AVELAR; MAROJA, 2012).

O movimento LGBT, segundo Molina (2011), no início era chamado de movimento homossexual, pois começou só com membros gays e seu surgimento foi no final dos anos 1970. Ferrari (2004, p. 108) comenta que o surgimento do movimento gay no Brasil "foi responsável por uma nova face pública para a homossexualidade". Tornando-os visíveis e indivíduos com rostos e individualidades dentro de uma sociedade que não os enxergava.

Fachini (2003) divide o movimento em três fases, que chama de ondas. A primeira onda é a abertura desse movimento, que aparece mais relevante no eixo Rio-São Paulo. Os indivíduos são alternativos e não organizados, levando as primeiras discussões para a rua, onde há a discriminação contra essa população. Aparece em 1978, segundo Canabarro (2013, p. 2), o início de várias manifestações, como o jornal *Lampião de Esquina*, que "circulava na época falando de 'coisas de bicha'", desafiando a sociedade e seus padrões heteronormativos.

Na segunda onda, que começa nos anos 1980, ocorrem crises e mortes em decorrência da HIV/Aids, chamada de "peste gay" pela mídia. De acordo com Fachini (2003), o movimento LGBT perde muito no começo da segunda onda, pois o medo do contágio e a desarticulação política fazem com que inúmeros grupos LGBT acabem. Contudo a epidemia obrigou a sociedade a discutir sexualidade. Independentemente da forma como foi orientada a temática, ela passou a estar presente nas agendas e a ser preocupação para familiares, escolas e estatais (MOLINA, 2011).

Nesse período, há novas conexões dentro do movimento LGBT, que se reinventa e aparece mais nas mídias, retornando com mais adeptos. Formam-se grupos fortes, que lutam, também, pelas lésbicas e pelo feminismo. Segundo França (2007), várias pessoas do mundo artístico começam a fazer militância pelos direitos LGBT, e pela primeira vez aparecem gays, lésbicas, bissexuais e transgêneros em telas de cinema, livros e discursos políticos.

A terceira onda, que inicia nos anos 1990 e continua até hoje, coloca o movimento LGBT no centro das discussões e aparece em todas as regiões do Brasil. Em 1995, funda-se a Assembleia Geral durante o Encontro da Associação Brasileira de Gays, Lésbicas e Travestis (ABGLT), órgão que até hoje regulamenta e apoia todos os grupos e lutas do movimento. Nesse período há o aparecimento da Parada LGBT, tendo sua primeira edição em São Paulo, em 1997. Essas manifestações procuravam e ainda têm como objetivo qualificar a identidade LGBT "como 'positiva', na maior parte das vezes personificada na ideia de 'orgulho homossexual'" (FRANÇA, 2007, p. 290).

Conforme Fachini (2009, p. 140), em 1993, o movimento era descrito como MBH (Movimento Homossexual Brasileiro). Após 1993, como MGL (Movimento de Gays e Lésbicas). Depois de 1995, o movimento aparece como GLT (Gays, Lésbicas e Travestis). E, em

1999, os bissexuais entram no movimento, criando o GLBT (Gays, Lésbicas, Bissexuais e Transgêneros). Na Conferência Nacional GLBT, de 2008, foi oficializada a mudança da sigla para LGBT, para assim, "aumentar a visibilidade do segmento de lésbicas" (FACHINI, 2009, p. 140).

Assim, o movimento LGBT já teve muitas conquistas e perdas. Adiante há a descrição de algumas delas:

Em relação aos transgêneros, as leis já conquistadas de maior apoio são: a troca do nome de registro para o nome social, a identificação pelo nome social em todas universidades e redes de ensino no Brasil, a utilização do banheiro segundo sua identidade de gênero e a cirurgia de redesignação sexual feita pelo SUS.

Em 12 de janeiro de 2015, foi publicada no Diário Oficial da União, a Resolução n.º 12, legitimando que:

> Art. 1° Deve ser garantido pelas instituições e redes de ensino, em todos os níveis e modalidades, o reconhecimento e adoção do nome social àqueles e àquelas cujas identificações civis não reflitam adequadamente sua identidade de gênero, mediante solicitação do próprio interessado. Art. 5° Recomenda-se a utilização do nome civil para a emissão de documentos oficiais, garantindo concomitantemente, com igual ou maior destaque, a referência ao nome social. (BRASIL, 2015, s/p)

Nessa mesma Resolução, no artigo 6º (BRASIL, 2015), é destacada a permissão do uso do banheiro e vestuário, segundo a identidade de gênero do sujeito. Ou seja, tanto um transexual homem deve usar o banheiro masculino quanto uma transexual mulher deve usar o banheiro feminino sem nenhuma discriminação.

Desde 2008, como referido no capítulo anterior, os(as) transexuais podem realizar a cirurgia de redesignação sexual pelo SUS, perante a Portaria 457, do dia 19 de agosto de 2008. Essa Portaria foi ampliada em 2013, tornando-se a Portaria 2.803, de 19 de novembro de 2013. Assim, os hospitais que podem fazer essa cirurgia estão situados nas capitais: Porto Alegre (RS), Rio de Janeiro (RJ), São Paulo (SP) e Goiânia (GO) (BRASIL, 2013). Segundo a Portaria 2.803, o processo transexualizador consiste na hormonioterapia (terapia medicamentosa hormonal) e o pré e pós-operatório da cirurgia de redesignação sexual. Para as transexuais mulheres, há também a cirurgia de retirada do pomo de adão e implantação de mamas. Para os transexuais homens, a cirurgia de retirada de mamas, a ressecação do útero e ovários. Tudo isso supervisionado por uma equipe multiprofissional, que inclui: psicólogos, cirurgiões plásticos, cirurgiões gerais, endócrinos e assistentes sociais (BRASIL, 2013).

E, por fim, de acordo com o site do Ministério Público Federal (BRASIL, 2018), a partir de 2018, todos transexuais podem registrar em seus documentos seu nome social, nome o qual o(a) transexual optou para ser chamado(a). Essa ação realizada pelo Supremo Tribunal Federal (STF) é discutida desde 2009, diante de um pedido da Procuradoria-Geral da República (PGR). Portanto, de acordo com a normativa, qualquer transexual pode ir a um cartório e pedir para arrumar seus documentos sem precisar ter realizado a cirurgia de redesignação sexual.

Em relação à toda comunidade LGBT, as leis essenciais já aprovadas são: o casamento homoafetivo e a adoção para casais do mesmo sexo.

A partir de 13 de maio de 2013, é permitido que todos cartórios realizem o casamento entre pessoas do mesmo sexo. Sancionada pelo Conselho Nacional de Justiça e assinado pelo ministro Joaquim Barbosa. A resolução n.º 175, artigo 1º, resolve: "é vedada às autoridades competentes a recusa de habilitação, celebração de casamento civil ou de conversão de união estável em casamento entre pessoas de mesmo sexo" (BRASIL, 2013, s/p).

Em relação à adoção, o ECA (Estatuto da Criança e Adolescente), de 1990, nunca se opôs contra a adoção entre casais do mesmo sexo, contudo, exemplificada na subseção IV, artigo 42: "Para adoção conjunta, é indispensável que os adotantes sejam casados civilmente ou mantenham união estável, comprovada a estabilidade da família" (BRASIL, 1990, s/p). Assim, após o casamento homoafetivo ser autorizado em 2013, as adoções entre casais que estão legalmente casados ou em união estável também podem ser realizadas de acordo com a lei.

No que se refere às perdas, de acordo com o site Quem a homofobia matou hoje (2017), criado há 38 anos pelo grupo gay da Bahia, até final de março de 2018 já ocorreram 113 mortes da população LGBT no território brasileiro. Entretanto estes 113 assassinatos são os notificados em delegacias, ou por redes sociais. Há mais mortes que não são comunicadas. Esse número, na verdade, pode ser duplo, triplo. O Governo Federal realiza o Relatório de Violência Homofóbica no Brasil, contudo o último estudo realizado foi em 2013, não mostrando a atualidade da comunidade LGBT no Brasil (BRASIL, 2013).

Dentre as mortes do público LGBT, segundo o site Quem a homofobia matou hoje (2017), 44 eram gays, 25 eram lésbicas, cinco eram bissexuais, 26, travestis e 13, transexuais. As causas das mortes estão em: duas apedrejamentos, 25 por armas brancas, quatro por asfixia, quatro por espancamentos, duas por pauladas, 37 suicídios e 32 por tiros. O lugar que mais ocorre no Brasil, é no estado de São Paulo, com 14 óbitos. No estado de Santa Catarina, foi notificada uma morte. Essas mortes são realizadas, cerca de 46 vezes, em vias públicas e 37 nas próprias residências das vítimas, entre outros lugares. As razões desses falecimentos não podem ser confirmadas, pois a maioria não é investigada. Entretanto supõe-se que a maior causa para tantas mortes da população LGBT seja a LGBTfobia, o preconceito contra essa comunidade. Conforme o dicionário Aurélio (FERREIRA, 2010, p. 35), preconceito significa "sentimento hostil, assumido em consequência da generalização apressada de uma experiência pessoal ou imposta pelo meio; intolerância".

Em 2006 foi criado no Brasil o Projeto de Lei n.º 122, de 2006, que criminaliza a homofobia, pois neste país não há leis que criminalizam quem comete atos de violência psíquica ou física contra alguém LGBT. Entretanto ainda não saiu do papel.

E, desde 2013, tramita na Câmara Federal, o Projeto de Lei dos deputados Jean Wyllys e Érika Kokay sobre a Identidade de Gênero, chamada "Lei João Nery", em homenagem ao primeiro transexual do Brasil a realizar a cirurgia de redesignação sexual. É a primeira lei do Brasil que terá foco nos transexuais e em seus direitos (BRASIL, 2013).

Como trata da vivência interna do indivíduo, os objetivos desse projeto são: a troca de prenome sem a necessidade de uma ordem judicial ou já ter feito a cirurgia de redesignação sexual (artigo 3º e 4º) – direitos felizmente, já conquistados; a cirurgia de redesignação sexual não necessitar do laudo psiquiátrico para ser realizada, só necessitando o manifesto do próprio transexual que seja maior de idade (artigo 8º); e toda cirurgia deverá ser de graça pelo SUS, já que muitos ainda pagam por suas cirurgias (artigo 9º) (BRASIL, 2013).

O Projeto de Lei João Nery, se for decretado pela Câmara, disponibiliza os seguintes direitos à toda comunidade trans:

> Artigo 1º Toda pessoa tem direito: I - ao reconhecimento de sua identidade de gênero; II - ao livre desenvolvimento de sua pessoa conforme sua identidade de gênero; III - a ser tratada de acordo com sua identidade de gênero e, em particular, a ser identificada dessa maneira nos instrumentos que acreditem sua identidade pessoal a respeito do/s prenome/s, da imagem e do sexo com que é registrada neles. (BRASIL, 2013, s/p)

Esse projeto ainda está na Câmara para ser votado.

Em 2018, faleceu João Nery, homem que sempre lutou pelos direitos dos trans, mas que infelizmente morreu sem ver sua lei ser aprovada. Importante ler sua história de garra em sua autobiografia.

Outra questão também abordada pelo Governo Federal foi o projeto "Escola sem Homofobia", criado pelo MEC em 2011, tendo como objetivo de contribuir para a implementação do Programa Brasil sem Homofobia pelo Ministério da Educação, por meio de ações que promovam ambientes políticos e sociais favoráveis à garantia dos direitos humanos e da respeitabilidade das orientações sexuais e de identidade de gênero no âmbito escolar brasileiro (MINISTÉRIO PÚBLICO FEDERAL, 2011).

Entretanto, segundo Kauss e Albernaz (2015, p. 44), poucos meses depois, em maio, após as pressões da bancada religiosa congressista, além de deturpações feitas pelas grandes mídias, "o Escola sem Homofobia foi vetado pela Presidenta em exercício, Dilma Rousseff".

Entre perdas e vitórias, existem rostos e histórias de lutas para tornar o mundo mais justo e igualitário. Assim, chegará o dia que tudo o que já foi escrito sobre preconceito e morte contra a população LGBT será uma mera lembrança de dor e sofrimento, mas estará no passado, como algo para nunca se esquecer e nem reviver (BIMBI, 2017).

1.5 PSICOLOGIA E LGBT

Cada vez mais a psicologia está abrindo suas portas para discussão das particularidades da comunidade LGBT. Há, atualmente, artigos de psicólogos que atendem e estudam sobre essa dinâmica que, muitas vezes, é diferente do público heterossexual e cisgênero. De acordo com Brandão (2008), muitos psicólogos ainda tentam orientar seus clientes LGBT, necessitando que estes decidam ser heterossexual ou homossexual, procurando causas que justifiquem essa decisão. Percebe-se, assim, despreparo, preconceito e falta de empatia ao cliente que, inúmeras vezes, já passou ou passa por essas obrigações e pressões em seus vínculos fora do consultório. Brandão (2008, p. 11) percebe que pode haver os dois lados, psicólogos que aconselham seus clientes a procurarem "parceiros do outro sexo e/ou espaços onde se facilitem os encontros homossexuais, como, na situação inversa, a procurar espaços predominante ou exclusivamente gays ou lésbicos", remetendo ao binarismo dos gêneros e à obrigatoriedade da escolha do que ser.

Para Davies (2000 *apud* BORGES, 2009), há algumas crenças que o psicólogo, quando for atender algum cliente da comunidade LGBT, não pode ter, pois acarretará em interferências negativas no processo psicoterapêutico, como: a homossexualidade vai contra Deus, a homossexualidade é doença, a homossexualidade é inferior à heterossexualidade, monogamia (relação só entre duas pessoas) é a única forma saudável de relacionamento, todas as relações homossexuais são superficiais, LGBT são pervertidos e as famílias homossexuais não tem o mesmo valor que as família com componentes heterossexuais. Esses são alguns pensamentos LGBTfóbicos que podem causar sofrimento ao cliente e perda de confiança psicoterapêutica. Diante disto, Davies (2000 *apud* BORGES, 2009) também relata as condições essenciais de psicoterapeutas que atendem a comunidade LGBT, como: respeito pela orientação sexual, respeito pela integridade pessoal, respeito pelos hábitos de vida e respeito pelas crenças do indivíduo a sua frente. Ou seja, se houver o respeito entre as duas partes na psicoterapia, haverá bons insights e ganhos pessoais. Segundo Borges (2009), não há exigência de o terapeuta ser da comunidade LGBT, podendo ser heterossexual e/ou cisgênero. O essencial é o respeito, ética e profissionalismo. Em todas as relações, certo?

Após a percepção do papel essencial do terapeuta, há a preocupação de quais relatos aparecem na clínica LGBT, para assim desempenhar o papel de psicoterapeuta de forma consciente. De acordo com Cohen e Savin-Williams (2014), muitos clientes LGBT procuram terapia para trabalharem outros lados de sua vida, como emprego, relações amorosas, pois sua sexualidade está muito bem resolvida. Há muitos clientes que procuram psicoterapia em razão do preconceito social. Borges (2009) relata que muitos clientes em sua clínica o procuram pela homossexualidade internalizada, pois, segundo esse autor, é "praticamente impossível para uma lésbica ou um gay [ou bissexual ou transexual] não internalizar as mensagens negativas [externas]" (BORGES, 2009, p. 30), ou seja, após receberem tantos xingamentos e ouvirem frases de preconceitos, alguns indivíduos LGBT internalizam esses sentimentos negativos, o que pode gerar sofrimento e negação de sua orientação sexual ou identidade de gênero. Muitos até se criticam e não gostam de sua sexualidade pelos xingamentos escutados no seu entorno.

Outros podem aparecer em clínicas de psicoterapia obrigados pelos pais ou responsáveis para a modificação da sua orientação sexual, entretanto a Psicologia tem respaldos técnicos para garantir aos psicólogos orientação a partir dessas demandas. A Resolução do Conselho Federal de Psicologia do Brasil (CFP) n.º 001, de 22 de março de 1999, "estabelece normas de atuação para os psicólogos em relação à questão da Orientação Sexual" (CFP, 1999, s/p). Em seu artigo 2º, coloca que psicólogos não podem discriminar e estigmatizar a orientação sexual de nenhum indivíduo, trabalhando de forma ética, garantindo "promoção e bem-estar das pessoas e da humanidade" (Art. 1º).

Em 2017, houve algumas ações judiciais com o objetivo de refutar o artigo 3º dessa mesma resolução, que é:

> Art. 3° - os psicólogos não exercerão qualquer ação que favoreça a patologização de comportamentos ou práticas homoeróticas, nem adotarão ação coercitiva tendente a orientar homossexuais para tratamentos não solicitados. Parágrafo único - Os psicólogos não colaborarão com eventos e serviços que proponham tratamento e cura das homossexualidades. (CFP, 1999, s/p)

Contudo o Conselho Federal de Psicologia reiterou em nota de repúdio que é contra a "cura gay" ou qualquer terapia de reversão da sexualidade humana e ainda comentou que "lutará em todas as instâncias possíveis para a manutenção da Resolução 01/99, motivo de orgulho de defensoras e defensores dos direitos humanos no Brasil." (CFP, 2017, s/p).

Outro guia de orientações que os psicólogos devem seguir são as orientações da Associação Americana de Psicologia (APA), de 2005. Essas orientações são divididas em: as atitudes em relação à homossexualidade, relacionamentos e família, questões relativas à diversidade e à educação. Nas atitudes, segundo APA (2005), os psicólogos devem entender que a homossexualidade não é doença e compreender os estigmas sociais que essa população sofre em seu dia a dia, como o preconceito e a discriminação. Em relação aos relacionamentos e à família, os psicólogos devem compreender e respeitar o amor entre duas ou mais pessoas do mesmo sexo e reconhecer os medos e circunstâncias dos pais e familiares de pessoas LGBT (APA, 2005). Sobre as questões relativas à diversidade, a APA (2005) comenta a importância de os psicólogos entrarem no mundo LGBT, participarem das discussões e temas relacionados à essa comunidade. E, por fim, na educação, os psicólogos precisam estudar sobre a comunidade LGBT e apoiar programas de educação para as comunidades heterossexuais sobre questões relativas a gays, lésbicas, bissexuais e transgêneros (APA, 2005).

1.5.1 Modelo Cass

A psicóloga australiana Vivienne Cass propôs, em 1979, um modelo "de formação de identidade baseado em estágios" (BORGES, 2009, p. 37). Ou seja, como um indivíduo da comunidade LGBT se integra à sua identidade sexual, desde a percepção que não faz parte da heteronormatividade (heterossexualidade ser o "normal") até a sua integração com outras pessoas que também se compreendem dessa forma. Esse modelo não é fechado, podendo ter transições, avanços e recuos, dependendo de cada indivíduo. Não tendo idade para a iniciação desses estágios (BORGES, 2009).

O modelo tem seis estágios, que Borges (2009) descreve em seu livro. Eis os estágios:

Para a comunidade LGBT: peguem suas canetas e se percebam em cada estágio. Onde você está? Pelo que você já passou?

O primeiro estágio é a *Confusão de identidade*. Nessa época, o indivíduo não se reconhece como LGBT, criando uma barreira contra as fantasias que tem em relação às pessoas do mesmo sexo. Acredita que essas ideias são normais entre os heterossexuais, não o tornando diferente.

O segundo estágio denomina-se *Comparação de identidade*. Aqui, a pessoa já percebe que pode ser homossexual/bissexual/transgênero, mas como não conhece a comunidade LGBT, não se identifica com ela. "É possível que aceite o comportamento homossexual, mas rejeite a identidade" (BORGES, 2009, p. 38). Assim, o sujeito começa a se perceber, mas individualmente.

O terceiro estágio é nominado de *Tolerância de identidade*. Nesse estágio, o indivíduo percebe que precisa socializar, então procura pessoas que também se sentem da mesma forma, podendo dividir medos e angustias sobre a sua orientação sexual ou seu gênero.

O quarto estágio é chamado de *Aceitação da identidade* ou *Início da adolescência gay*. Nesse período, o homem ou a mulher que conseguiu fazer vínculos na comunidade LGBT já se sente parte dela, já começa a participar ativamente das lutas da população LGBT e não tolera mais piadas e conversas preconceituosas, não sendo só "eu", e sim "nós".

O quinto estágio é designado de *Orgulho da identidade* ou *Adolescência gay*. Nessa fase, "o indivíduo emerge na cultura gay" (BORGES, 2009, p. 38), criando uma cominação de raiva e orgulho, milita e se sente pertencente a um grupo.

O sexto estágio é intitulado de *Síntese de identidade*. Nesse último estágio, o sujeito percebe que há muitos heterossexuais que não são preconceituosos e podem ter vínculos com eles. Aqui, conseguem transitar pelos dois meios (LGBT e heterossexual) tranquilamente, podendo ter relações com cada pessoa.

Segundo Borges (2009), é importante que o psicólogo perceba qual estágio que o cliente está para, assim, não acelerar ou retardar ações que o cliente já conquistou ou irá conquistar.

Amados, estes estágios caminham em todos os períodos da nossa vida, não necessariamente em linha reta, podendo começar no início e pular para o quarto estágio. Depende de cada um. Mas quase todos passaram por estes momentos. Primeiro, não compreende sua sexualidade, até repreendendo alguns comportamentos que são ditos homossexuais. Após, o indivíduo começa a se reconhecer como LGBT e se orgulhar de sua sexualidade, chegando o ponto de ter amigos, entrar na comunidade e abraça-la, para aí sim, conseguir transitar pela comunidade hetero e gay, tranquilamente. Você consegue perceber em qual estágio você está?

1.5.2 Psicodrama e LGBT

Desde seu começo, o psicodrama trabalha com as comunidades minoritárias e excluídas, como com grupos de prostitutas e combatentes de guerra (NUDEL, 1994a). Moreno sempre prestigiou o trabalho com essas classes, como dito no capítulo histórico deste trabalho (NUDEL, 1994a).

Assim, muitos psicodramatistas trabalham e estudam sobre essas populações marginalizadas, continuando o legado do fundador do Psicodrama. E não seria diferente com a população LGBT. Atualmente há autores que atendem e se especializam no atendimento psicodramático dessa comunidade específica. Diante disso, neste subitem "Psicodrama e LGBT" só serão usados autores psicodramatistas. O psicodrama trabalha com as relações e tem como objetivo o desenvolvimento da espontaneidade e criatividade. Nesse contento poderíamos pensar também no desenvolvimento do papel sexual e de gênero.

Conforme Sene-Costa e Antonio (2014), o psicodrama, ao olhar a sexualidade, não propõe a explicação, e sim como o indivíduo LGBT se relaciona com sua sexualidade e como acontecem suas relações a partir dela, ou seja, como estão os vínculos dessa pessoa, antes e após expor sua sexualidade e os vínculos nessa comunidade cujos laços de pertença podem ser recentes. E mais, "o olhar do psicodramatista se dirige para a relação da pessoa com a sua sexualidade" (SENE-COSTA; ANTONIO, 2014, p. 113). Um olhar profundo para todas essas complexas relações.

A partir da percepção dos objetivos do psicodrama em relação ao sujeito LGBT, há o processo psicodramático. Rosa (2014, p. 87) descreve que dentro do *setting* terapêutico ocorrerá o "processo de aprendizagem do papel homoafetivo". Vive-se em uma comunidade heteronormativa, na qual o "normal" é casais de sexos diferentes se amarem, no momento em que um homem se apaixona por outro homem ou uma mulher se apaixona por outra mulher, ou ainda pelos dois sexos, há uma confusão de papéis e de seus atributos. Diante disso, o psicodramatista tem as ferramentas da Teoria dos Papéis (teoria exposta no capítulo sobre teorias psicodramáticas), em que usará para o desenvolvimento saudável desse papel na vida do protagonista LGBT. "Aprendendo a dar respostas novas e adequadas a essas situações [homofobia, medos, relacionamentos homoafetivos]" (ROSA, 2014, p. 87). Considerando sempre a ética do psicólogo, não podendo delimitar quais papéis amorosos que o indivíduo deverá desenvolver, e sim, aperfeiçoar e tornar mais espontâneos os papéis discutidos em terapia. Tornar papéis mais saudáveis, que possam trabalhar em suas orientações sexuais de forma saudável, sem intermédio do medo e preconceito.

Bustos (2003) destaca a importância do estudo da matriz da sexualidade na terapia LGBT, pois, segundo esse autor, muitas situações de agressões e não espontaneidade em seus papéis amorosos estão na formação da matriz de cada indivíduo. Tendo nela, o aparecimento da "agressão, transgressão e [da própria] sexualidade [que] vão se [juntando] até formar um todo indivisível" (BUSTOS, 2003, p. 69). Com a formação de uma matriz sexual deteriorada no indivíduo, em muitos casos há a aparição da homofobia internalizada, já relatada no capítulo anterior, que, segundo França (2004, p. 155), cria no sujeito uma visão distorcida de seu "potencial para um vínculo adulto satisfatório", em relação à sua sexualidade e com a própria comunidade LGBT, causando sofrimento e levando muitos à psicoterapia.

França (2004) reforça que, ao atender um sujeito LGBT, o psicodramatista deve compreender o meio que ele transita, com leis favoráveis e desfavoráveis, LGBTfobia, e os vínculos que possam mudar após a "saída do armário". O medo das relações mudarem, da não aceitação dos familiares e amigos fazem muitos homossexuais, lésbicas, bissexuais e transexuais se calarem. "A quem contar, já que podem ser rejeitados, condenados?" (SILVEIRA, 2014, p. 69), muitos se perguntam. O preconceito permeia muitas normas e regras de uma sociedade. Diante disso, conforme Silveira (2014), o indivíduo LGBT ao querer abrir sua sexualidade tem obstáculos e medos de quebrar vínculos já estabelecidos por causa do preconceito de familiares e amigos.

Em relação aos familiares, França (2004, p. 172) escreve que primeiro o terapeuta precisa trabalhar com seu cliente a homofobia internalizada, pois, assim, "o indivíduo terá menos reações emocionais e mais assertividade quando tiver de lidar com a homofobia familiar".

A discriminação está em todas as áreas e lugares na sociedade. Entretanto há a responsabilidade de cada um em continuar o legado do fundador de psicodrama, Jacob Levy Moreno (1992 *apud* ROSA, 2014, p. 91), em que comenta: "O que seria de ti se EU não existisse? O que seria de mim se TU não existisse?". Vive-se em uma comunidade que precisa de justiça, dignidade e o direito de ir e vir sem medo para TODOS! E se todos precisam de todos, todos devem lutar pelo direito de todos.

2

VAMOS ENTRAR NA PESQUISA COMIGO?

Oi gente! Esta parte é totalmente dedicada à pesquisa. Muitos passarão por aqui sem ler. Sem problemas, mas acho importante vocês compreenderem a construção total deste trabalho, para, assim, fazer parte integral dele e dar novas ideias para novos trabalhos. Venham comigo!

Os participantes desta pesquisa foram: um gay, uma lésbica, um bissexual e uma transexual. Alguns participantes já fazem sessões de psicoterapia comigo. Assim, os participantes já conhecem o método psicodramático e tem confiança em mim para refletir sobre suas questões de sexualidade, objetivo deste trabalho. Os participantes: gay, lésbica e bissexual já fazem terapia há aproximadamente oito meses, cada um individualmente. Já a participante transexual não faz terapia e nunca participou de sessões de terapia, eu entrei em contato, via redes sociais, com ela, que aceitou o convite para participar de sessões.

Os participantes têm entre 19 e 24 anos e participaram de três sessões para a obtenção dos objetivos desta pesquisa, que ocorreu uma vez por semana, entre setembro e agosto de 2018.

Os critérios de inclusão da pesquisa foram: primeiro, os participantes serem gay, lésbica, bissexual ou transexual; segundo, aceitarem participar desta pesquisa; e terceiro, aceitarem um novo horário para as sessões deste trabalho, de modo que não comprometam suas sessões de terapia.

Os critérios de exclusão da pesquisa foram: primeiro, os participantes não aceitarem participar desta pesquisa, não se sentido a vontade de conversar sobre sexualidade. Segundo os participantes serem heterossexual. Terceiro, duas ausência seguidas do participante implica no descarte dos dados das sessões anteriores.

Houve três sessões de psicodrama com cada participante e individualmente, no consultório em que a pesquisadora já realiza as sessões. As sessões foram gravadas com a autorização dos participantes. Cada sessão teve a duração de uma hora. As sessões foram organizadas conforme o primeiro e segundo universo da matriz moreniana, explicadas no capítulo de Matriz de Identidade, associadas aos estágios do Modelo de Cass e distribuídas conforme o Quadro 1:

Quadro 1 – Plano das sessões (continua)

Universos/Sessões	Estágio do Modelo de Cass	Plano de trabalho
1º: não são distinguidos (caótico e indiferenciado)	Confusão de Identidade Comparação de identidade	Aquecimento: utilizar de iniciadores corporais e ideativos. Em seguida viabilizar que o participante veja a si mesmo no momento em que se percebeu diferente dos demais em relação a sua sexualidade ou gênero. Objetivo: investigar, por meio do psicodrama individual, como ocorre o reconhecimento do Eu da população LGBT.
2º: já consegue se diferenciar (reconhecimento do Eu e reconhecimento do Tu)	Tolerância de Identidade Aceitação da Identidade	Aquecimento: utilizar iniciadores corporais e posteriormente a fantasia dirigida. Dramatização: átomo social Objetivo: relacionar as etapas da Matriz de Identidade com as etapas do Modelo Cass.

Universos/Sessões	Estágio do Modelo de Cass	Plano de trabalho
3º: distinguir fantasia de realidade (possibilidade de inversão de papéis)	Orgulho da Identidade Síntese da Identidade	Aquecimento: utilizar iniciadores corporal e ideativo, retomando as cenas da sessão anterior e as trazendo para o aqui e agora, junto com as cenas importantes da vida. Dramatização: Túnel do Tempo (variação da linha da vida). Diretora irá emprestar sua realidade suplementar para, assim, o participante visualizar o seu túnel do tempo e as cenas importantes de sua vida, trabalhando igualmente cenas futuras) Objetivo: investigar como se desenvolve a espontaneidade diante as conservas culturais da população LGBT mediante o psicodrama individual.

Fonte: elaboração da autora (2018)

A análise de conteúdo, a forma como esta pesquisa será analisada posteriormente, tem três fases. Segundo Gil (2008), a primeira fase é quando o pesquisador lerá os conteúdos pertinentes à pesquisa, após, a segunda fase, ele formula hipóteses, apoderando-se desses materiais lidos. Ao fim, na terceira fase, há o agrupamento das respostas semelhantes e, assim, interpretação delas.

A análise desta pesquisa será dividida em três blocos, cada um contendo informações das três sessões descritas anteriormente. Em cada bloco/análise constará as falas e análises dos quatro participantes juntos.

2.1 PROCEDIMENTOS ÉTICOS

Esta pesquisa foi norteada pelos princípios éticos da Resolução n.º 466, de 12 de dezembro de 2012. Sendo encaminhada para a banca de qualificação ao Comitê de Ética em Pesquisa (CEP), sendo aprovada e liberada para execução do projeto número 91559118.1.0000.5490.

Na sessão de esclarecimento da pesquisa com o participante, primeira sessão, foi pedido que esse assinasse o Termo de Consentimento Livre e Esclarecido – TCLE. Os participantes têm a idade superior a 18 anos, podendo, assim, assinar esse termo. Nesta sessão também foi sanada as dúvidas em relação às próximas sessões e questionamentos sobre a pesquisa. Os participantes não terão seus nomes identificados durante o trabalho e puderam ter a escolha de desistir das sessões, sem prejudicá-los. Ao final da pesquisa, os participantes terão acesso ao trabalho.

3

RESULTADOS E DISCUSSÕES

Esta análise terá o estudo de três sessões de 60 minutos com quatro entrevistados, tendo no total 12 sessões e 720 minutos para serem investigados. Para melhor leitura e entendimento, cada entrevistado terá uma letra para se designar, assim, nas falas do entrevistado gay, será utilizado a letra G, nas falas da entrevistada lésbica, L, do bissexual, B e da transexual, T. Cada sessão será nomeada com uma gíria do movimento LGBT, que foi conhecida por conversas com o público LGBT, e após terá uma parte da letra "Indestrutível" da cantora *drag* Pabblo Vittar, como forma de introduzir a temática.

3.1 Caracterização dos participantes da pesquisa

Os dados dos participantes estarão a seguir, no Quadro 2.

Quadro 2 – Caracterização dos participantes

Orientação sexual ou Identidade de gênero	Idade	Escolaridade	Idade que contou a família sua identidade
Lésbica	22 anos	Superior completo	18 anos
Gay	19 anos	Cursando a graduação	16 anos
Transexual	21 anos	Ensino médio completo	15 anos
Bissexual	26 anos	Cursando graduação	24 anos

Fonte: a autora, 2018

E assim, iniciam-se as discussões das sessões.

3.1.1 Sessão 1: nunca mais incubada[3]

> *O que me impede de sorrir*
> *É tudo que eu já perdi*
> *Eu fechei os olhos e pedi*
> *Para, quando abrir, a dor não estar aqui*
> *(VITTAR, 2017)*

Para o aquecimento, foram utilizados os iniciadores corporais e ideativos. Para Bustos (2005, p. 210), toda consigna e comandos do psicodramatista têm função de iniciadores para o cliente, como por exemplo, "se eu fosse uma emoção, seria...". Dessa forma, o cliente percebe-se e se coloca corporalmente, racionalmente e emotivamente no momento da sessão e/ou na cena proposta. Segundo Perazzo (1999), é necessário que os iniciadores sejam reforçados durante toda a sessão de psicodrama para não perder o aquecimento durante as cenas. Nas sessões analisadas, a psicodramatista pediu para cada participante, individualmente, em sua sessão, fechar os olhos e perceber onde está, como está seu corpo. Assim, estando no aqui e agora, aquecidos para a sessão que iniciaria, a psicodramatista perguntou como foi a descoberta da sexualidade, e novamente usando o corpo e a mente para evocar este momento, foi utilizado a técnica da concretização. De acordo com Cukier (2012), a técnica de concretização é pedir ao cliente que ele demonstre em seu corpo ou em algum objetivo o que está sentindo.

> *O corpo fica mais duro, né? (G)*
> *Me lembro como eu tentava me esconder,*
> *preferia não mostrar meu corpo. (T)*

Para Nunes (2005), o corpo demonstra muito dos nossos sentimentos e emoções, em nossa sociedade o corpo é visto como pecado, luxúria, e, assim, quando o indivíduo percebe que não pode demonstrar sua sexualidade homoafetiva em seu corpo, pois expressará toda essa

---

[3] Gíria LGBT para alguém que não assumiu sua sexualidade.

maldade que os outros enxergam, reprimem-se. Dessa forma, aparece o corpo simbólico, segundo Freire (2000), no momento em que se percebe o TU na relação, a sociedade, o corpo se mexe, modificando-se, criando diversos significados em cima dele. A frase do corpo simbólico é, de acordo com Freire (2000, p. 13), "percebo, logo crio", ou seja, a comunidade LGBT apropria-se desses pecados de uma sociedade homofóbica e cria-se um corpo em que precisa ser habitado, mas não o deixando ter seus movimentos naturais, ficando rígido.

Quando os participantes desta pesquisa lembraram-se do momento de seu reconhecimento, iniciou-se a dramatização desta sessão. Percebe-se a confusão de suas identidades. Segundo Borges (2009), no primeiro estágio do Modelo de Cass, o sujeito não sabe ainda o que é e quando percebe algo em seu ser sendo diferente, fica na dúvida de sua subjetividade e sexualidade. Na primeira cena, de L, há o momento de confusão e de percepção deste novo papel sexual:

> *A primeira vez que eu pensei nisso foi vendo uma série na Netflix.*
> *Estava em casa e achei interessante um casal lésbico. (L)*

Ao pedir um solilóquio, a participante diz:

> *Que legal, acho que me encontrei. (L)*

De acordo com Rosa (2017, p. 87), "no caso de uma mulher que tenha uma orientação sexual homoafetiva ela repetirá (*role-taking*) o comportamento tal qual aprendeu", isto é, L ainda está se identificando com o papel de lésbica e o primeiro passo para esse aprendizado é a cópia, o *role-taking* para o psicodrama. L viu outras lésbicas e se reconheceu, copiando suas atitudes para assim entrar no papel.

O participante gay falou que desde criança percebia que era gay, só não sabia dessa designação. E a cena que montou foi no colégio, quando estava no 3º ano para ensino fundamental.

> *Levei um bolo para a escola e tinha confetes nele, tinha um rosa.*
> *Amigos: Você gosta de menino, você é bixa (rindo)*
> *G: Parem de me chamar disto! Eu não sou! (chorando)*

O participante, após olhar sua cena de fora, por meio da realização da técnica do espelho, que tem como importância a sua "autopercepção", coloca-se como plateia e se reconhece de longe (GONÇALVES, 1998), percebe que nesse exato momento já sabia que gostava de meninos, mas também que a sociedade não aceitaria muito fácil essa decisão. E, infelizmente, 20 anos se passaram e G ainda não viu muita coisa mudar. O relatório nacional do grupo gay da Bahia (2015, p. 16) sobre as mortes LGBT, conta a história de Adriano Cor, vítima de homicídio, sendo a causa a LGBTfobia, suas últimas palavras foram: "O que eu fiz [para ser morto]?". E, às vezes, a única coisa que a pessoa faz é ser feliz e comer um confete rosa.

A participante transexual também diz que percebia desde pequena ser diferente dos outros. Em sua cena, pega uma toalha e enrola no cabelo e olha para frente como se fosse um espelho e fala:

> *Como sou bonita de cabelos longos, é isto que eu quero.*
> *É isso que sou! (T)*

Em frente ao espelho, a psicodramatista pergunta como a cliente se percebe.

> *Sou e sempre fui uma mulher. Uma linda mulher. Quero ter bunda,*
> *peito, cabelão para bater. Quero ser feliz, sabe?. (T)*

Percebe-se, aqui, as conservas culturais na sociedade e como elas influenciam na subjetividade de cada ser humano. Para Moreno (1975, p. 158), a conversa cultural se torna "uma qualidade quase sagrada", pois é uma ideia já finalizada há muito tempo e não mais discutida, como a função de mulher. Assim, ser mulher para T é isto: "cabelo, peito", como é visto nas conservas sagradas da sociedade. Para a sociedade, ser mulher é ser feminina e delicada (NAVARRO, 2018), ou seja, a definição do ser mulher tornou-se uma conserva cultural, algo já cristalizado e unificado. Desse jeito, no momento em que um homem se reconhece como uma mulher trans, as conservas culturais desse entendimento de mulher caem sobre o corpo, convertendo-o com símbolos de características sociais, tornando-o corpo simbólico, como foi dito anteriormente.

Nunca me senti um homem. Sempre brinquei de barbie.
Quando contei para uma amiga, ela disse que sempre soube
que eu sou uma mulher. (T)

Bustos (2017, p. 25) acredita que a "naturalização de todos os sentimentos humanos levaria a menos atuações". T, no momento em que se reconhece, atua menos no papel de homem, pois percebe quem é realmente, não precisando mais colocar a máscara.

O B reconheceu-se sendo pertencente da comunidade LGBT, encontrando outros que faziam o mesmo que ele. A sua primeira cena é em casa com muitos amigos meninos.

Estávamos olhando pornô e olhei para o lado e os meninos
todos estavam se masturbando. (B)
Interessante esses meninos. (solilóquio do B)

A percepção que também pode gostar de meninos, deixa B entusiasmado.

Começo a perceber outro mundo. (B)

Entretanto, para B, outra questão pesou nesse momento de reconhecimento de sua sexualidade, a igreja. Segundo Bimbi (2017), essa questão de religião torna esse momento mais crítico, já que, em muitas religiões, tudo o que concerne ao público LGBT ainda é pecado. Em uma cena, B colocou-se na catequese.

B (solilóquio): É errado. Vou ficar calado, ler as playboys que meu pai
me entrega e não contarei para ninguém.

Azevedo (2017) dá como exemplo comer uma fruta que o indivíduo tem alergia, após alguns minutos ou horas da ingestão, a pessoa passará mal, língua inchada ou uma ardência em seu estômago. Ou seja, uma fruta inofensiva para alguns, mas para essa pessoa não houve um encontro télico, não foi prazeroso. O mesmo ocorre com B, no momento em que se sente errado diante sua sexualidade, acreditando ser alérgico ao movimento LGBT, nota tristeza e permanece fechado para essa situação que causa mal-estar, preferindo estar longe dessa fruta do pecado, a sua sexualidade.

Se compreendermos espontaneidade como um "estado [...] de originalidade e de adequação pessoal" (MARTÍN, 1996, p. 121), nota-se a perda de espontaneidade em B, pois este não está adequado ao reconhecimento de sua sexualidade pelo consentimento de ser algo errado. Martín (1996, p. 121) prossegue argumentando que a espontaneidade é vital, indispensável ao viver, tornando as pessoas "gênios em potencial". Entretanto B permaneceu no seminário durante cinco anos e reconheceu sua genialidade, em uma cena no seminário.

> *B olha na fechadura vários meninos se masturbando.*
> *Tem mais pessoas iguais a mim. (B)*

Ao notar que não é o único, o sentimento é de tranquilidade, mas ainda tem rejeição por si e pelos outros. O reconhecimento de sua sexualidade ainda está em processo, pois a religião ainda o pune. Para Fonseca (2012, p. 122), a fase do reconhecimento do Eu, é a fase do espelho, em que "a criança reconhece a si mesma diante de um espelho: 'Eu existo!'" B ao olhar os outros, percebe que existe, é de verdade aquilo que tanto rejeita.

Assim se encaminhou o encerramento das cenas. Ao fim, foi perguntando como cada um se sentiu após reconhecer sua sexualidade:

> *Medo momentâneo. (L)*
> *Como se fosse algo ruim. (G)*
> *Quem sou eu? (T)*
> *Isso é errado. (B)*

Percebe-se, assim, que os entrevistados não conseguem distinguir sua realidade, que é ser pertencente a comunidade LGBT,

DA ESPONTANEIDADE À DIVERSIDADE

da fantasia de uma sociedade heterocêntrica, em que só são aceitos heterossexuais. Mostram-se com medo desse momento da quebra de dualidade. Na primeira fase do primeiro universo da Matriz de Identidade, de acordo com Fator (2010), o sujeito não consegue diferenciar a realidade da fantasia, estado caótico, pois não se distingue da sociedade, tendo medo de encará-la, e, por consequência, medo de se encarar.

Mas, segundo Menezzaro, Tomassini e Zuretti (1995), Moreno chamava essa mesma fase, no momento adulto, de "fome de transformação", ou seja, há uma vontade interior de mudança, da constatação que preciso me reconhecer. Mas, conforme esses atores (MENEZZARO; TOMASSINI; ZURETTI, 1995, p. 19) "quando a espontaneidade diminui ou desaparece, a ansiedade básica vem a tona". Ou seja, quando a empolgação do seu reconhecimento diminui e percebe-se que os outros também deverão os reconhecer como pertencentes da comunidade LGBT, há a ansiedade, o medo de não serem aceitos. São duas transformações e saídas do armário: para si e para o mundo.

Posteriormente os participantes desta pesquisa foram solicitados a lembrarem da cena em que contaram para seus pais. Como já estavam aquecidos, foi pedido para montarem a cena.

> *Entrei no carro, e estava só eu e minha mãe*
> *L: Gosto de menina.*
> *Mãe L: Tais namorando com a Carla, né?(risos)*

A mãe de L já tinha perguntado outras vezes se L era lésbica, mas como L ainda não sabia, sempre respondera que não. Mas nesse momento sentiu-se tranquila em contar.

> *Eu sempre contava tudo para minha mãe, isso foi natural. (L)*

O vínculo de mãe e filha era muito forte. Dessa forma, a tele entre elas foi maior que o medo e o preconceito. Para Bustos (2005, p. 113), a tele é essencial para os relacionamentos. Numa relação télica, um consegue ver o outro "a partir de dentro de si mesmo".

Uma relação única que não se quebra ao reconhecer o verdadeiro outro, pois quando se conhece o outro, conhece o seu próprio ser. Entretanto, para os outros participantes, a necessidade de contar foi diferente.

> *Saí do quarto com um guri e minha mãe, estava sentada na sala,*
> *tinha achado uma camisinha do banheiro. (G)*
> *Mãe de G: Você está saindo com esse menino? (chorando)*
> *G: SIM! (com muito medo, já tremendo)*
> *Mãe de G: Quero que este menino saia agora da minha casa.*
> *-Menino sai da casa. Fica um silêncio, só se escuta a mãe chorando.-*

G não se sentia a vontade de contar, ainda, para sua mãe. O medo o fez não contar.

> *Não sabia da reação dela. Depois chegou na minha tia e*
> *foi conversar com ela. Mas no caminho para a casa*
> *da minha tia, minha mãe foi falando:*
> *Mãe de G: Isso é uma fase, logo passa.*
> *G (atualmente): Não passou!*

De acordo com Borges (2009), muitos pais de homoafetivos, no começo, querem acreditar que é uma fase, pois é mais fácil de aceitar dessa forma. Assim, levam seus filhos para psicoterapia para aliviar esse "momento ruim".

Para a T, foi libertador.

> *T: Já percebesse que tem algo diferente né, mãe?*
> *Mãe de T: Sim, filho. És gay?*
> *T (solilóquio): Nesta época acreditava que era só gay, mesmo. Tive*
> *que sair duas vezes do armário. Quando contei que era transexual,*
> *depois de um ano, foi ótimo.*
> *Mãe de T: Mas o que é isso? (choro – nas duas vezes)*

Muitos pais não entendem os termos da comunidade LGBT, deixando-os mais longe de compreenderem seus filhos. Conforme Alves e Muniz (2015), a família é uma parte essencial na vida da pessoa, pois nela se iniciam os valores e as raízes dos relacionamentos futuros. Para Moreno (1975), esse núcleo é importante desde as primeiras horas do indivíduo, sendo chamado a placenta social; o lócus e o espaço psíquico e emocional no qual essa pessoa irá habitar em sua vida. É nessa placenta que o indivíduo se sentirá único. Dessa maneira, o momento de contar a sua sexualidade para esse núcleo é comprovar o reconhecimento da sua sexualidade e subjetividade tanto para si quanto para sua placenta. Todavia os próprios participantes ainda estavam se reconhecendo, não conseguiam explicar para seus pais, "o que são". A fantasia e a realidade não estavam alinhadas, então responder essa pergunta que a mãe de T fez era é impossível naquele momento.

Nos estágios de Cass (2009), percebe-se o momento de comparação de identidade. Nota-se algo diferente em si, mas se colocar no papel de gay, lésbica, bissexual e transexual na frente dos outros é difícil, pois ainda não estão em posse dessa identidade.

> *Eu tinha certeza do que era, mas quando minha mãe duvidada,*
> *também me colocava me perguntava se era tudo verdade. (T)*
> *Quando a mãe falava que era só um tempo, eu sabia que não era.*
> *Mas não conseguia falar, só chorava. (G)*

A família mostrou-se, nesses dois casos resistentes à aceitação, deixando-os sozinhos. Porque o segundo estágio, segundo Borges (2009), está no momento que o indivíduo, após aceitar a possibilidade da homoafetividade e transexualidade, não reconhece a comunidade LGBT, não conhece os membros dela. Dessa forma, ficando os dois participantes sem a família e sem a comunidade para dar o amparo. Dificultando, dessa forma, o sujeito a se reconhecer como pertencente ao LGBT. Fonseca (1980, p. 88), diz que ao mesmo tempo que o indivíduo está se reconhecendo, "está também no processo de reconhecer o outro, de entrar em contato com o mundo". Dessa forma, T e G estão se percebendo transexual e gay, mas sem o apoio da comunidade LGBT e de suas famílias, não conseguem completar essa 3ª fase da Matriz, o Reconhecimento do Eu-Tu, por completa.

Minha mãe entrava no quarto e perguntava:
Quando esse pesadelo irá acabar?
Eu não conseguia responder nada, só não falava nada e chorava. (G)

Já B não aguentava mais guardar esse sentimento só para si.

Estava na Universidade, estava chovendo. Uma amiga me perguntou
porque estava triste e respondi que não sabia quando contar aos
meus pais que também gostava de meninos. A resposta dela nunca
esquecerei: nunca terá momento melhor. (B)

Conforme Bimbi (2017), a amiga de B está correta, não há momento correto, o nervosismo sempre estará presente. É um momento decisivo, que ocorreu, para B, nesse mesmo dia, com seus pais, na sala de casa:

B: Vocês sabem que eu nunca trouxe ninguém aqui para casa, né?
Pai de B: Tu és gay?
B: Não.
Pai de B: Tu és o que, então?
B: Sou Bi. (Há explicação dos termos)
Pai de B: Tu és meu filho e sempre vou te proteger, mas primeiro tem
que terminar os estudos.
Mãe de B: (chora em todo momento da conversa)

Novamente o desespero, o medo de uma mãe que não compreende esse universo em que seu filho a está inserindo.

Nesta sessão houve inúmeras situações, mães chorando, mães compreensivas, mães tentando entender seus filhos, pais curiosos e reforçando que não largarão seus filhos. Emoções à flor da pele! Nota-se um comportamento do 1º estágio da Matriz de Identidade, a indiferenciação, o momento caótico. Segundo Fonseca (1980, p. 84), nessa fase, quando o indivíduo "sente frio, fome ou dor, chora", a pessoa está misturada com o mundo, não se distinguindo do outro, impossibilitando a separação. Pais e mães, quando descobrem a sexualidade de seus filhos, voltam para esse estágio, não conseguindo mais serem egos de seus filhos, pois sentem dor e confusão, perdem, por algum momento, seus filhos ideais, os que a sociedade aceita: heteros e cisgêneros, apavoram-se se os outros irão os aceitar e se perguntam se, como pais, conseguirão aceitá-los. Assim, o choro, o abraço acalanta o frio de uma noite de descobertas e o desespero de um futuro.

Se há alguma mãe ou pai de LGBT lendo isto, sabe do que estou falando? Muitas vezes é o medo de perder seu filho pelo preconceito! É o medo de ver seu filho morto por ser feliz. É não compreender onde está o futuro que imaginávamos. Sei que é difícil. Entretanto seu filho está aí, e você já sabia, lá dentro, que não era heterossexual ou cisgênero. Ame-o e nunca o deixe duvidar desse amor. Continua sendo filho, com todas as características que você ama tanto e sempre amou.

Entretanto os filhos que conquistaram a 3ª fase da Matriz de Identidade, que se reconheceram como pertencentes ao LGBT, têm uma coisa em comum: a emoção após contar aos seus familiares.

> *Feliz, começando a me realizar. (L)*
> *Foi difícil no começo, mas fiquei feliz. (G)*
> *Podia ser quem eu queria, me vestir, me arrumar. (T)*
> *Tranquilidade, um peso a menos. (B)*

E assim termina a primeira sessão, com um sorriso no rosto de cada participante e a esperança de um futuro melhor. Futuro nos quais seus pais os olhem com respeito e dignidade, no qual eles próprios se enxerguem na sua essência, na essência pura e leve, a LGBT. Acalmem-se: esse futuro irá chegar.

3.1.2 Sessão 2: os novos e antigos Bee[4]

> *Mas sei que não é fácil assim*
> *Mas vou aprender no fim*
> *Minhas mãos se unem para que*
> *Tirem do meu peito o que é de ruim*
> *(VITTAR, 2017)*

---

4 Gíria LGBT para chamar um amigo.

Para iniciar a análise desta sessão, é necessário recapitular a sessão passada, assim o leitor deste livro se aquece para esta nova etapa. Na sessão passada, nota-se que os participantes iniciaram o momento de descoberta de sua sexualidade na primeira fase da Matriz de Identidade, que é a Indiferenciação. Esta fase, segundo Fonseca (1980, p. 84), "não [se] distingue o Eu do Tu", ou seja, os participantes não conseguiam diferenciar sua sexualidade LGBT com o que a sociedade e seus pais esperavam dela, heteros e cisgêneros. Após, entraram na segunda fase da matriz, a simbiose. Os participantes já iniciam a dúvida de sua sexualidade, mas ainda não admitem para si essa mudança. Como aconteceu com G, na sessão passada, no momento em que comprou um bolo com confete rosa e os amigos riram dele. G já sabia, mas por medo não conseguia contar, sendo simbiótico com o que queria acreditar ser sua sexualidade. Após, a terceira e quarta, as mais importantes e decisivas para a sessão passada, são o Reconhecimento do Eu e do Tu. De acordo com Fonseca (1980, p. 87), nesse estágio, há a "descoberta de sua própria identidade". A descoberta da sexualidade. A descoberta de seu próprio ser.

Após reconhecerem-se como LGBT, na sessão analisada a se, o objetivo é trazer os vínculos dos participantes. Vínculos, para Nery (2014), são as relações que o indivíduo vai ter no decorrer de sua vida. Então, para um vínculo ocorrer, é necessário conteúdos conscientes e inconscientes, como "emoções, fantasias, imagens, sensações, pensamentos, sentimentos, intuições" (NERY, 2014, p. 20). Essas relações tornam-se essenciais para o momento que os clientes entram nessa segunda sessão, pois, após reconhecerem-se como pertencentes à comunidade LGBT, passam para a quinta fase da Matriz de Identidade, ou seja, as Relações em corredor. Nesta fase, para Fonseca (1980), o indivíduo já visualiza o Tu, mas não o divide com mais ninguém.

Agora, aquecidos para esta sessão, iniciar-se-á a análise da segunda sessão com os quatro participantes.

Na segunda sessão foram novamente utilizados os iniciadores corporais, como na primeira sessão, para aquecer os clientes que chegavam para esse novo momento. Para Fonseca (2009), após colocar atenção no corpo, o indivíduo muda a sua consciência do momento, podendo, assim, esquecer o seu cotidiano e focar na psicoterapia. Após, foi realizado um psicodrama interno. Sendo o psicodrama interno, segundo Cukier (2012, p. 52), o momento em que o cliente "pensa, visualiza e vivencia a ação, mas não a executa". A razão desse momento era que os participantes desta pesquisa pensassem em seus familiares, recordando de cenas decorridas.

No começo os participantes fizeram seu átomo social, as pessoas mais significativas para determinada pessoa (CUKIER, 2012), antes da "saída do armário". Fator (2010) afirma que o contra papel é essencial para a formação do papel do indivíduo, ou seja, os papéis complementares do sujeito, que podem ser os pais, amigos, todos as pessoas que se unem à pessoa são imprescindíveis para constituição da identidade. É necessário ter outra pessoa para, a partir desta, cada indivíduo se reconhecer. A partir desse momento, cada participante apresenta seus papéis complementares e sua importância para o reconhecimento do Eu sexual de cada um.

L colocou em seu átomo social seus amigos

Aqui tem a Carol, a Francisca, o namorado dela. Nunca fui muito de ter muitos amigos. (L)

Ao colocar-se no lugar dessas pessoas, realizando a troca de papéis – sendo que a inversão de papel, segundo Bermudez (1970), é uma técnica em que o cliente assume plenamente o papel de outra pessoa, ampliando o contexto e desta forma o insight –, L falou:

Nunca imaginei que ela fosse lésbica, não tinha os trejeitos. (L no papel de Carol)

Para Jesus (2012), culturalmente estabelece-se formas de se comportar segundo o gênero. Por exemplo, um homem deve ser rude e não falar de seus sentimentos. Também acontece isso dentro da comunidade LGBT, como uma lésbica deve ser "machorra", ou seja ter os trejeitos masculinos. Para Carol, a amiga de L, L não seria lésbica por não aparentar, por não apresentar a expressão de gênero que culturalmente é imposta pela sociedade. No psicodrama, isso é percebido nas conservas culturais, expressões corporais fechadas, sem espontaneidade para criar e ser diferente do que é habituado a ver, como ser uma lésbica feminina. Assim, como não era uma lésbica com expressão de gênero masculina, acreditava não ser lésbica. Moreno (1985) diz que para conserva cultural, nesse caso, lésbica precisa parecer um homem, pois assegura uma herança cultural, ou seja, passou-se essa ideia de geração em geração e ela nunca é ou foi questionada. Dessa forma, cria-se uma sociedade sem inspirações espontâneas e criativas, sem preconceitos e medo de ser e mostrar quem é verdadeiramente. A conserva cultural empobrece a cultura e a sociedade, acreditando que só o binarismo de gênero é o adequado.

Na história de G, ele também tinham muitos amigos no convívio.

> *Aqui tem a Bia, do lado, a Ana. Na verdade eram mais grupo.*
> *Aqui, é o grupo dos Fluflus, bem perto. Tem também o grupo*
> *do colégio que era por aqui. (G)*

Entre os dois casos, a amizade aparece muito forte. Para Nery (2014), a amizade está situada no *cluster* 3, o fraterno. Neste *cluster*, é percebido o vínculo simétrico, de igual para igual, podendo o sujeito não se cobrar em relação aos demais amigos. Essas relações são diferentes das outras observadas no *cluster* 1 e 2, materno e paterno, respectivamente, pois nesses aparecem obrigações e medos. Tanto que, conforme G, as primeiras pessoas que souberam sobre sua sexualidade foram seus amigos.

> *Na verdade, todo mundo já perguntava. Quando contei*
> *para um grupo de amigas da escola todas já falaram que já*
> *sabiam e foi bem tranquilo. (G)*

T teve duas saídas do armário e comentou que quando contou que era gay, primeiramente, muitas pessoas saíram de perto.

> *Os meus amigos não entendiam o que era, e viraram a cara para*
> *mim. Não tem muita gente para eu colocar perto de mim. (T)*

Depois, quando reconheceu-se como trans, muitos já ficaram ao seu lado, seu átomo social tinha mais pessoas.

> *Muito perto de mim, tinha a Laura e o Bruno.*
> *Eles diziam que já sabiam que eu não gay e sim, algo maior. (T)*

De acordo com Nery (2014), após ter relacionamentos afetivos, o indivíduo se reconhece e desenvolve novos papéis em sua vida. Assim, quando modificamos os papéis, mudamos o contexto pessoal e social em que se vive. T, quando se percebeu e mostrou sua verdadeira identidade, o social cresceu, ele pôde se reconhecer e reconhecer o outro, ampliou sua afeição aos outros, desenvolvendo vínculos duradores e fortes.

O átomo social de B antes da saída do armário é diferente dos já apresentados. B colocou algumas partes de sua família, como sua mãe.

> *Muito próximo de mim, tinha a Rebeca, ao lado a Bianca, minha*
> *cunhada e minha mãe. Mesmo elas não sabendo, sempre fomos bem*
> *próximos. (B)*

Vitale (2004) menciona que quando o sujeito é ainda um bebê, sua relação com sua mãe é simbiótica, como se fosse uma extensão do corpo da criança. Após alguns anos, a relação materna diminui de intensidade, ainda mais em casos em que há divergência. Os átomos sociais apresentados não mostravam suas mães próximas nessa época, pois havia algo no meio da relação entre eles.

> *Minha mãe não sabia de uma das partes mais*
> *importantes de mim. (G)*
> *Eu queria contar, mas sempre ficava com medo da reação dela,*
> *isso afastava a gente. (B)*

Nota-se um distanciamento, voltando à primeira fase da Matriz de Identidade, a Indiferenciação. Aqui o sofrimento é maior, pois o indivíduo sai do processo da simbiose, reconhece o outro Tu, mas fica impossibilitado de oferecer ser Eu para o conhecimento do outro, então não consegue sair dessa fase da matriz.

No segundo momento dessa sessão, foi pedido para os participantes lembrarem-se de seus primeiros amores após se reconhecerem LGBT.

Ela me convidou para uma festa e eu me apaixonei. Logo já ficamos. Quando fiquei com ela sabia o que eu era. Tinha me encontrado. Mas não ficamos muito tempo juntas, foi muito triste na época. (L)

O meu primeiro beijo com um cara foi nojento, nem me lembro dele. Mas o primeiro namorado foi aquele que a minha mãe descobriu [contado sessão passada]. A mãe proibia de nos vermos, mas a gente sempre se via. Durou 2 anos. (G)

Só me lembro do meu marido de agora. Só ele valeu a pena. Está comigo até hoje. (T)

O primeiro homem que eu beijei era um advogado de outra cidade, ficamos uns meses mas ele nunca quis contar para ninguém, porque dizia que ele era hetero. (B)

Há três tipos de vínculos: atual, residual e virtual. Percebe-se um vínculo atual na relação de T, pois é uma relação que ainda está presente em sua vida, tendo ainda projetos dramáticos juntos (BUSTOS, 2005). Os projetos dramáticos, para Aguiar (1998), são os objetivos e o modo em que a pessoa vivencia dado momento de sua vida. Então, T e seu namorado tem os mesmos objetivos em seu relacionamento, ficarem juntos. Já os primeiros relacionamentos de L, G e B são da forma residual: foram relações importantes para o desenvolvimento e apropriação do papel sexual, mas terminaram por alguma ocasião, não perpetuando suas vidas. Assim, vínculo residual, segundo Gazziero e Danielski (2013), é uma relação que já foi vivida no passado. Uma relação virtual é possível quando um participante se sente atraído por algum artista ou cantor, alguém que não está no seu ciclo de relacionamentos. Percebe-se esse tipo de vínculo na sessão passada, em que L vê e sente com uma relação em uma série de TV, na qual aparecem lésbicas.

Após, foi pedido para montarem o átomo social atual, depois de contarem da sua identidade LGBT, no qual a relação com sua sexualidade já está naturalizada, ou seja, os indivíduos já conseguem inverter seus papéis e entrarem no papel de lésbica, gay, transexual ou bissexual; já transitam na sexta fase da Matriz de Identidade, a Pré-Inversão. O Tu, sua sexualidade, já não está mais rejeitada ou enclausurada só para os participantes. Mas, sim, já é vista e perceptível para todos. Entretanto a comunidade LGBT ainda não entra em suas identidades. Dessa forma, os átomos sociais tendem a se modificar. De L, foram poucas mudanças, como conta:

> *Eu continuo com a maioria dos amigos que tinha antes, só tem mais minha namorada e minha cachorra. (L)*

Nota-se que no momento em que L coloca essa namorada, uma terceira nessa relação de L com sua sexualidade, ela entra na sétima fase da Matriz de Identidade. Para Fonseca (1980), esse período é quando aparece o Ele na relação do Eu e Tu. L conseguiu realizar a pré-inversão com sua sexualidade e, nesse momento, encontra outro indivíduo disposto afetivamente a entrar nessa história. Contudo L não muda suas relações, não entrando na comunidade LGBT após seu reconhecimento de pertencimento à ela.

> *Agora, todo mundo tem uma relação bem próxima.*
> *Acabou a agonia. (G)*

De acordo com Borges (2009), a terceira fase do Modelo Cass é a Tolerância da identidade, e, nessa fase, é muito importante que os relacionamentos ocorram positivamente, assim o indivíduo LGBT conseguirá caminhar para estágios posteriores e se reconhecer dentro da comunidade LGBT. Se as primeiras relações após a saída do armário forem negativas, com preconceito e negação, o sujeito é capaz de regressar, podendo não mais se reconhecer em seu papel sexual ou papel de gênero. Essa fase é correlacionada com a fase da pré-inversão da Matriz de Identidade. Para Fonseca (1980), nesse momento, o indivíduo começa a se colocar no lugar do Tu, do outro. Então, tanto a terceira fase do Modelo Cass quanto a sexta fase da Matriz, nota-se que o sujeito já se reconhece como LGBT e quer entrar em contato com o outro, com a comunidade, os seus iguais, mas ainda tem contato com seus antigos amigos, por enquanto não investe totalmente com o movimento LGBT.

G demonstra, em sua fala anterior, tranquilidade após contar a seus amigos e familiares a sua sexualidade.

Para T, seu átomo social ficou mais seguro e permanente.

> *Tem do meu lado minha mãe e do outro meu marido. Eles sempre estão comigo, me sinto cuidada, sabe? (T)*

T, conseguindo criar vínculos saudáveis e permanentes, percebe seu papel como transgênero mais forte em si. Quando T começou a se reconhecer como gay, estava com seu papel no *role-taking*, ainda aprendendo sobre sua sexualidade. Após, quando percebeu não sendo pertencente a comunidade gay, e sim, transexual, começou a copiar o que é ser mulher na sociedade, sendo o *role-playing* o momento do seu treinamento. Agora, em que T já se empoderou desse papel, já verbaliza para todos. T consegue criar a partir dele.

Para Fonseca (1980), a última fase de aquisição de um papel, é o *role-creating,* no qual o indivíduo consegue reinventar o seu próprio papel, dar sua cara a ele. Assim, ser mulher, para T, não é mais algo cristalizado, pois pode-se ser mulher, mesmo não passando por cirurgia de redesignação. E é isso que T está fazendo, cuidando de si, sendo MC, criando uma marca, uma família e, acima de tudo, criando a sua felicidade nesse papel ainda tão desmerecido no Brasil.

Já para B, contar sua sexualidade ajudou na aproximação das relações familiares.

> *Minha mãe já está bem colada em mim, não tem mais mentiras entre nós.*

A espontaneidade e a tele retornou para o relacionamento de mãe e filho! O *cluster* 1, o materno, de acordo com Bustos (2005), está vinculado ao amor e carinho. Algo que entre B e sua mãe não ocorria mais, pois tinha algo entre eles que atrapalhava essa relação de compreensão e fidelidade que precisa ocorrer nesse *cluster*. Quando B mostra-se para sua mãe, e torna-se espontâneo e télico com ela, o vínculo se fortalece.

O sistema de apego de Bowlby, segundo Vitale (2004, p. 180), "caracteriza[-se] por uma busca e manutenção de proximidade com pessoas especiais". Após estarem em momento caótico em suas relações, B e sua mãe já se reconhecem, criando uma proximidade, a qual nunca tinha havido com eles. Um momento inesquecível.

A quarta fase do Modelo Cass é a aceitação da identidade. Segundo Borges (2009, p. 38), nesse momento o indivíduo "começa a se expressar mais abertamente [sobre] sua identidade", entrando na comunidade LGBT, apropriando-se de vocabulários e compreendendo as lutas. Assim, foi perguntado como cada um se sente em relação ao movimento, já que nenhum o trouxe em seus átomos sociais.

> *Participo muito mais da comunidade hetero. Eu sinto falta*
> *das festas, tu se identificas mais, não iria numas festas que eles vão.*
> *Mas se Tubarão tivesse mais coisas, eu iria. Só tem festas aqui. (L)*
> *Quem não é o padrão de gay é deixado mais de lado, não é*
> *levado a sério. (B)*

Percebe-se, nessas falas, a legitimidade social. Esta, para Contente (2017), é tudo que é regra numa sociedade, ou seja, a conversa cultural daquele local. Coletivamente, a legitimidade social é a heteronormatividade e o cisgênero, quando alguém sai desse enquadramento, vira "anormal", um estranho. Diante dessa passividade da sexualidade, nota-se diferenças entre participantes da comunidade LGBT, pois alguns irão de encontro a essa passividade e legitimidade, ou seja, procuram parceiros aceitos pelas normas: homens masculinizados ou mulheres femininas. Outros revoltam-se contra essas conservas culturais, e, assim, não participam mais da comunidade hetero, aceitando e reivindicando inteiramente uma nova legitimidade social, a do amor.

Para L e B, a comunidade LGBT está atrelada a festas, e para conhecer pessoas LGBT só indo a essas festas. Diferentemente do que é para G e T.

> *Sempre estamos [com meus amigos] conversando sobre política, e o que fazer. Queria que tivesse mais coisa em Tubarão. (G)*

> *Sou militante trans e negra. Tô ali pelo ser humano, pela causa e pela luta. (T)*

O movimento LGBT está crescendo no Brasil, cresce no plano musical, discussões, direitos assegurados, mortes. Cada um dos participantes estudados aqui, colocam-se de uma forma única dentro do movimento. Uns mais, outros menos. Entretanto todos estão lutando, e diariamente recebendo os respingos desse reconhecimento frente a uma sociedade que não está preparada.

> *Nunca beijo minha namorada na rua, nem andamos de mãos dadas. Acho que é costume. (L)*

> *Quando tinha meu namorado, nos beijávamos só em festas de amigos, se não era bem escondido. (G)*

> *Sempre me perguntam se eu faço programa. Meu marido fica louco! (T)*

> *Não andamos de mãos dadas, mas já começaram a nos incomodar na rua e só continuamos andando. (B)*

Quantas vezes, leitor, você viu casais homoafetivos se beijando, andando de mãos dadas na rua? Algo improvável! E será que é porque eles não gostam ou por causa de uma sociedade que mata e apedreja?

DA ESPONTANEIDADE À DIVERSIDADE

E assim, termina esta sessão. Com amigos, com abraços e crescimento.

Você percebeu que no seu segundo átomo as pessoas estão mais pertinho? (Psicoterapeuta para B)
Não tem mais mentira entre nós. (B sorrindo)

Mas com vontade de mudança, com a percepção que há a homofobia nos pequenos instantes, toques.

Eu sempre achava que não nos beijarmos na frente dos outros era algo nosso, mas se fosse um casal hetero iria ser algo "normal". (L)

Segundo Scott (2005), quando os processos políticos e sociais perceberem que os indivíduos são maiores que suas características e o mais importante são suas identidades, o mundo será muito mais justo e feliz.

Caminhos foram lançados. Os indivíduos saíram da indiferenciação, reconhecerem-se, contaram aos amigos e familiares. Agora necessitam que a sociedade os veja, que circularizem e realizem o grande encontro espontâneo e télico entre identidades. E para finalizar, esta sessão foi iniciada com um aquecimento, primeira etapa de uma sessão psicodramática. É necessário finalizá-la com um compartilhamento, última etapa de uma sessão. Segundo Bustos (2005, p. 91), nesse momento "não se fala mais do protagonista, agora cada um fala de si mesmo".

Então, leitor, o que, como sociedade, está fazendo para tornar este mundo melhor e mais justo?

3.1.3 Sessão 3: fazendo SEMPRE a Alice[5]

Se recebo dor, te devolvo amor
Se recebo dor, te devolvo amor
E quanto mais dor recebo
Mas percebo que sou
INDESTRUTÍVEL
(VITTAR, 2017)

Enfim, a última sessão. A última análise a ser lida! Nesse período houve encontros télicos com histórias de superação, de reconhecimento de quatro jovens. Quatro jovens que decidiram lutar contra o binarismo de gênero e encontraram sua felicidade numa comunidade que preza a diversidade e a espontaneidade. Sim, o psicodrama e a comunidade LGBT têm muitos conceitos parecidos. Espontaneidade, para o psicodrama, segundo Moreno (1975), é dar as respostas adequadas no momento adequado, como chorar em um enterro ou ser alegre em uma festa. Assim é a comunidade LGBT, a resposta correta é a sua verdadeira sexualidade, sendo hetero, homossexual ou bissexual, no momento certo, que é o agora, o presente. Falando nisso, uma das teorias do psicodrama é o aqui e agora. Para Bustos (2005, p. 228), "o aqui e agora é o tempo real", é o momento em que cada um está vivendo. E assim é o LGBT, viver intensamente o momento real, viver cada política pública vencida, viver cada parada gay, viver a saída do armário, viver a morte de colegas e amigos gays, lésbicas, bissexuais, transexuais, que morrem só por viverem o seu aqui e agora. O psicodrama tem muito a aprender com o LGBT e o LGBT muito a aprender com o psicodrama.

Assim são os caminhos, aprende-se e ensina-se. Nessa última sessão foi elaborada, com cada participante, a sua linha da vida e o que esta ensinou para cada um. Essa técnica, para Castanho (1995), é usada para compartilhar as histórias de vida do protagonista e pode ser feita de várias formas. Nesta pesquisa, cada participante enxergava uma linha, em sua realidade suplementar. Para Soliani

---

[5] Gíria LGBT que significa fazer o impossível.

DA ESPONTANEIDADE À DIVERSIDADE

(1993), realidade suplementar é a ação psicodramática que ocorre no psíquico e imaginário. A partir disso, em cada momento especial de sua sexualidade, o participante deveria colocar uma almofada para concretizar esse momento.

A primeira participante a ser considerada na análise é L, que colocou em sua linha da vida quatro almofadas, ou seja, quatro pontos principais de sua vida em relação à sua sexualidade.

> *Quando eu não era, estava procurando a pessoa certa. Acreditava que não tinha gostado de ninguém, porque não tinha achado ainda minha alma gêmea. (Primeira almofada de L)*
> *Quando me descobri, vendo a série, indo no Fist [lugar de festas LGBT]. (Segunda almofada de L)*

Martín (1996) fala que a tele pode ser direcionada para a própria pessoa, a autotele, termo criado por Moreno. "A Autotele positiva para consigo mesmo [é] como agente criador" (MORENO, 1975, p. 348). Assim, quando L se reconhece na série como pertencente à comunidade lésbica, volta a criar uma tele positiva sobre si, percebendo-se de maneira melhor, podendo criar um autotele a partir de uma nova percepção de si mesma. Quando L não se via como LGBT, e sim como hetero, tinha uma autotele negativa sobre si, que, para Moreno (1975) seriam pensamentos ruins sobre si e um autoconceito deficitário, não se constituindo, dessa forma, como um agente criador. L não se reconhecendo, não tendo uma relação télica com sua sexualidade, não cria, não proporciona encontros, acreditando que ainda não tinha encontrado alguém, mas, na verdade, ainda não tinha se encontrado, encontrado a sua verdadeira autotele.

> *Quando tive certeza. Quando comecei a gostar de uma guria. Foi um momento muito bom, porque me identificava mais com as pessoas daqui. (Terceira almofada de L)*

L reconheceu-se e adquiriu sua espontaneidade, deixando para fora a conserva cultural, que era conhecer um homem para ser feliz. A binariedade de gêneros, ou seja, os dois gêneros significativos para a sociedade: homem e mulher (NAVARRO, 2018), cobra diariamente dos indivíduos; de um homem encontrar uma mulher e uma mulher encontrar um homem, uma conserva cultural já ultrapassada. Para L, o marco para se reconhecer como lésbica foi quebrar essa conserva, gostar de uma menina.

Nessa etapa da vida de L, também é notado o quinto estágio do Modelo Cass, que é o Orgulho da identidade (BORGES, 2009). Nesta fase, o indivíduo já anda com pessoas da comunidade LGBT, já se sente pertencente à ela. Isso ocorre com L no momento em que ela percebe que gosta e se sente mais à vontade estando com pessoas também LGBT. Após o reconhecimento do Ru, começa-se a reconhecer o Tu e acreditar nesse outro como um só, uma comunidade, uma identidade.

Achei alguém que imaginei dividir a vida. (Quarta almofada de L)

L, desde sua primeira almofada, demonstrou essa falta de encontrar seu par romântico. Assim, sua última almofada é a constatação de ser lésbica, ou seja, encontrar a sua cara metade. L só tinha tido vínculos residuais ou virtuais em sua vida, vínculos que acabaram ou que criava em sua imaginação. Em seu primeiro relacionamento com vínculo atual, que, para Perazzo (1994), são relacionamentos apoiados na concretude e no plano real, L, após reconhecer-se e se aceitar, consegue estar no aqui e agora com seus parceiros, podendo estabelecer vínculos reais, vínculos atuais.

Após chegar a essa almofada, a psicodramatista pede para L olhar para trás e perceber seu caminho. Ao ser pedido, um solilóquio. L fala:

Poderia ser antes esta descoberta. (L)

Para Moreno (1975), a aquisição de um novo papel na vida do indivíduo passa por três fases: o *role-taking, role-playing* e o *role--creating*. L teve que passar por todas essas fases. No *role-taking*, que é quando está copiando o papel de um observado (BUSTOS, 2005), L

DA ESPONTANEIDADE À DIVERSIDADE

via a série que tinha lésbicas e ia a festas LGBT, sua segunda almofada. No *role-playing*, que já consegue brincar e fantasiar no novo papel (BUSTOS, 2005), L já se identificava com outras lésbicas e começou a namorar alguma, sua terceira almofada. No fim, na quarta almofada, L já criou em cima desse papel conquistado, já namora, já se reconhece completa sendo lésbica, sendo a última fase de aquisição de um papel, o *role-creating*. *Role-creating*, de acordo com Fonseca (1980), é a fase em que o sujeito pode criar e ter liberdade de fazer o seu papel, sem precisar copiar de outros. E assim foi com L, que necessitou passar por todas as fases para, atualmente, criar e recriar o seu papel sexual.

Agora, a linha da vida de G.

> *Crianças rindo de mim, me chamando de viado.*
> *(Primeira almofada de G)*

Para Moreno (1975), as crianças nascem espontâneas e criativas, ou seja, sem preconceitos. A apropriação da palavra "viado" como um insulto ou uma brincadeira retrata como os contra papéis são essenciais para o crescimento do indivíduo. Toda criança tem como contra papel seus pais. Para Fonseca (1980), o contra papel, ou papel complementar, é uma dependência entre os papéis, para a existência de um, precisa do outro. Dessa forma, uma mãe ou um pai só poderá ter esse papel no momento em que ter alguém desempenhando o papel de filho. Infelizmente muitos desses papéis complementares propagam o preconceito com seus filhos, carregando conservas culturais para crianças que nascem tão espontâneas e criativas, tão livres de preconceitos.

> *Fiquei com um cara pela primeira vez. (Segunda almofada de G)*
> *Conheci meu namorado e minha mãe descobriu o relacionamento.*
> *(Terceira almofada de G)*

Esta fase, a terceira almofada, que foi discutida na análise anterior, é decisiva para muitos indivíduos LGBT. Quando G comenta que conhece um namorado, denota conhecer o Ele, na relação do

Eu com a sua sexualidade, o Tu. Sendo a sétima fase da Matriz de Identidade, a Triangulação. Nesse momento, segundo Fonseca (1980), o Eu percebe que o Tu se divide, desdobra sua atenção para o Ele. A sexualidade de G não ficou mais só consigo, mas também com o terceiro na situação, seu novo namorado.

> *Término de namoro e comecei a sair mais, conheci mais gente. Fiquei com mais guris. (Quarta almofada de G)*

Dessa forma, nota-se, no quarto momento em que G contou, o deslocamento da sétima fase da matriz de Identidade, a Triangulação, para a oitava fase da Matriz de Identidade, a Circularização. Segundo Fonseca (1980), nessa nova fase, o Eu já consegue ver mais pessoas, não só o Ele, conseguindo vincular-se com mais pessoas, socializando. Para G, esse momento apareceu quando houve a quebra de vínculo com seu namorado, virando um vínculo residual. Após essa perda, G aproximou-se de novas pessoas, conhecendo e apropriando-se mais da comunidade LGBT. Nesse período iniciou a sua "vivência sociométrica dos grupos" (FONSECA, 1980, p. 95). Isso quer dizer que G começa a ter grupos, ampliando a sua rede sociométrica, que, para Bustos (2005), significa as relações interpessoais, os vínculos das pessoas.

Após apresentar sua linha da vida, G fez um solilóquio:

> *Não gostaria de mudar nada! (G)*

G se sente mais espontâneo com suas novas redes sociométricas. Realmente, pertencente a uma comunidade de "viados" felizes. Este termo, "viado", atualmente é visto como forma de resistência, de empoderamento da comunidade gay. Não há mais o xingamento e conservas culturais, mas espontaneidade e alegria em ser "Viado", com V maiúsculo, de vitória.

Em relação à linha da vida de T, ela sintetiza o quanto é grata pela sua vida

DA ESPONTANEIDADE À DIVERSIDADE

Passei por muita coisa, mas só por isso que sou
forte e tenho tudo que eu tenho. (T)

A primeira parte em que T coloca em sua linha da vida é sobre a sua dúvida em relação à sua sexualidade.

Quando eu era novinha já sabia que não era menino, sempre tinha
algo diferente. Queria brincar de barbie, bater cabelo. Era uma
menina. Sempre fui. (Primeira almofada de T)

Entretanto, pelo preconceito e as conservas culturais, T não conseguia se reconhecer como uma transgênero.

Achava que eu era estranha, tinha algo estranho no meu corpo.
Nunca tinha visto alguém assim. (T)

Para Fonseca (2010), a identidade sexual pode ser dividia em duas: a identidade sexual de gênero, que simboliza a transexualidade, na qual o indivíduo se pergunta se é homem ou mulher; a identidade sexual relacional, a homossexualidade e bissexualidade, que é referente à atração, na qual o sujeito se questiona de quem gosta. Nesse caso, T tem a certeza que sua identidade sexual de gênero não é a esperada de seu meio, ou seja, ser um homem. Quando T se reconhece como uma mulher transexual, causa sofrimento e ruptura com a sociedade cisnormativa. Dessa forma, Fonseca (2010, p. 159), diz que se cria distúrbios, podendo ocasionar "traços principais histéricos, fóbicos e possessivos". Muitos transgêneros, nesse período, pelo medo e preconceito, não conseguem se reconhecer. Entretanto T percebeu que o estranho não era seu corpo, e sim as regras transfóbicas de sua sociedade.

Assim, T conta para as pessoas ao seu redor, sendo sua segunda almofada colocada em sua linha da vida.

Aqui eu contei para umas pessoas próximas, e todo mundo dizia que
já sabia que eu era uma menina. Mais difícil foi contar para a minha
mãe. Ela pensava que eu era só gay. (Segunda almofada de T)

> *Nesse momento, um filho de uma amiga da minha mãe faleceu e ela começou a falar para a minha mãe para me aceitar, que era melhor ter uma filha mulher do que não ter filho. (Terceira almofada de T)*

Nesse momento, a amiga da mãe de T torna-se um ego-auxiliar. Para Moreno (1975), o ego-auxiliar tem três funções: função de ator, função de guia e função de investigador social. A função de investigador social aparece no momento em que o diretor chama um ego para a cena com o intuito de se observar, nesse novo papel, já que o mesmo irá desempenhar com o protagonista. A função de ator e a função de guia auxilia o protagonista na resolução do seu conflito. Assim, percebe-se que a amiga da mãe de T observa o acontecimento e tem empatia pelo relacionamento entre T e sua mãe (função investigador social), colocando-se no lugar de T e mostrando que é melhor ter essa filha do que não ter mais nenhum filho (função ator) e clarificando para a mãe de T esse reconhecimento, e o que é o amor verdadeiro entre mãe e filha (função guia).

> *Aqui minha vida melhorou muito e ficou ótima. Que é quando eu conheci meu marido. Há dois anos atrás. (Quarta almofada de T)*

Segundo Vitale (2004), o psicodramatista que atende LGBT precisa ter conhecimento sobre gênero e sexualidade. Para a mesma autora, o diretor precisa compreender que a "orientação sexual [e a identidade LGBT] pertence a uma minoria sexual, mas não se trata de uma questão patológica." (VITALE, 2004, p. 176). Dessa forma, o psicodramatista precisa apreender e respeitar que a identidade de T é uma mulher trans e sua orientação sexual é heterossexual. Sendo uma minoria, não em quantidade, mas em direitos estabelecidos. Moreno, de acordo com Marineau (1992), sempre trabalhou com grupos minoritários de políticas públicas, como as prostitutas. Há a necessidade de o psicodrama compreender esse movimento, e abraçar a luta de mulheres como T, transexuais que amam homens.

E em sua última almofada, T coloca:

DA ESPONTANEIDADE À DIVERSIDADE

> *Ah, isto aqui é minha forma ativista. Sou MC [cantora de funk]*
> *com muito orgulho. Levo o movimento negro e trans para o mundo.*
> *(Quinta almofada de T)*

Nesse momento percebe-se a última fase do Modelo Cass, a Síntese de identidade. Conforme Borges (2009), esse estágio é quando o indivíduo não vê diferenças entre o mundo heterossexual e cisgênero e o mundo LGBT. O sujeito consegue visitar os dois lados, percebendo que nem todos heteros cis são LGBTfóbicos. T quer levar sua energia e sua música para todos, não excluindo nenhum gênero e nenhuma sexualidade, quer cantar e ser escutada, para o mundo poder aplaudi-la e reconhecê-la.

O último participante é B. Na análise de B, será usada a Matriz de Identidade para compreender cada momento da linha da vida de B.

> *A primeira parte mais importante é que eu nasci. (Primeira*
> *almofada de B)*

Quando perguntado, nesse momento, o que era o correto, B responde:

> *Nessa época, como minha família era de igreja, sempre escutei*
> *que precisava ser hetero. Nem entendia o que era isso,*
> *só sabia que precisaria ser.*

Percebe-se a primeira e segunda fase da Matriz de Identidade. Segundo Fonseca (1980), a primeira fase é a Indiferenciação, que o sujeito ainda não compreende o que faz parte dele e o que faz parte do outro, ou seja, B não compreendia sua sexualidade dessa forma e se reconheceu sendo a sexualidade em que seu meio visava ser melhor. Já a segunda fase, a simbiose, Fonseca (1980), demonstra que é a fase em que os dois sujeitos de unem. Sendo que B colocou como obrigação sua sexualidade, uniu-se ao heterocentrismo. Em outras sessões, B demonstra, na catequese, a confluência entre ele e sua sexualidade heterossexual.

*Aqui eu já tinha 11 anos, e ganhava a playboy do meu pai, toda
semana. Mal sabe ele que eu olhava os homens também. (Segunda
almofada de B)*

Nota-se que B já se reconhece e compreende que os homens também chamam sua atenção. Pertencendo, assim, a terceira e quarta fase da Matriz de Identidade. Para Fonseca (1980), o Reconhecimento do Eu e o Reconhecimento do Tu é o momento em que o indivíduo constata sua identidade, tanto o que é para si: quero olhar para homens e mulheres (reconhecimento do Eu), quanto para a sua sexualidade: também gosto de homens (reconhecimento do Tu).

Há também, nesse período, uma fantasia em que o pai de B acredita que dando uma revista *Playboy* a seu filho, este gostará só de mulheres, fugindo da realidade, na qual B olhará e sentirá prazer nos dois sexos. Esse período se caracteriza como a quinta fase da Matriz de Identidade. Conforme Fonseca (1980, p. 89), essa fase, chamada de Relações em corredor, estabelece-se quando há uma "brecha entre a fantasia e realidade". Nesse período, imagina-se poder relacionar apenas com um tu por vez, percepção que o pai pretendia transmitir ao filho.

*Esta almofada é quando eu tinha 13 anos e assistia filmes pornôs
com os meus amigos. E gostava de vê-los com tesão. (Terceira
almofada de B)*

Quando B percebe-se bissexual e já mostra a sua sexualidade para os outros, B está jogando com o seu papel sexual, treinando essa apropriação. Sendo a sexta fase da Matriz de Identidade: Pré-inversão. Também nesse momento, é perceptível como o reconhecimento da sexualidade de B está atrelada ao convívio com outros colegas, ou seja, há a entrada de um Ele nessa relação. "E um Ele que tem uma relação com o seu Tu [a sua sexualidade!!!!]" (FONSECA, 1980, p. 92). Esse momento é a Triangulação, sétima fase da Matriz de Identidade.

*Nesta aqui eu já tenho 17 anos e tive o conhecimento que não estava
sozinho (Quarta almofada de B).*

DA ESPONTANEIDADE À DIVERSIDADE

A oitava fase da Matriz de Identidade é a Circularização. Nesse período, Fonseca (1980, p. 94) aponta que "ultrapassa a fase triangular do seu desenvolvimento, [o sujeito está] preparado para relacionar-se com mais pessoas". Assim, B começa a se relacionar e perceber que tem mais pessoas que também são como ele. Podendo, dessa forma, dividir dores e vivências com os outros e com a sua própria sexualidade, trocando de lugar com ela. Sendo inteiro o Tu, inteiro bissexual. Ou seja, a nona fase da Matriz de Identidade, a Inversão de Papel.

A minha última almofada é com 25 anos. Nesta época perdi a virgindade com um cara. (Quinta almofada de B)

Aqui ocorre o Grande Momento de B, a confirmação em que ele também poderia gostar e amar homens na mesma intensidade que gosta e ama mulheres. Podendo ter o verdadeiro Encontro com sua sexualidade, com seu verdadeiro EU! "O Encontro acontece ex-abrupto e de forma tão intensa que a espontaneidade-criatividade presente é liberada no ato de entrega mútua" (FONSECA, 1980, p. 97). B entregou-se para um movimento, para um futuro sem preconceitos e mais realizado consigo e com a sua sexualidade, ampliou sua tele com o mundo LGBT.

Ao fim de todas as linhas da vida, ao colocar a última almofada, a psicodramatista pede para cada um, em sua realidade suplementar, olhar para frente, para o futuro, e constatar o que enxerga para sua sexualidade.

Quero continuar com as pessoas que eu amo. Um futuro estável com a minha namorada. (L)

Não fico planejando o futuro. Quero viajar, encontrar alguém. (G)

Para L e G, o futuro e sua sexualidade estão vinculados a encontrar alguém, compartilhar esses momentos. Entretanto, quando são perguntados sobre o movimento LGBT, é unânime a resposta.

> *Respeito! (L)*

> *Ninguém precisa avacalhar com ninguém. Não quero ter medo. (G)*

> *Quero ser uma grande militante. Sem briga de ego [dentro do movimento LGBT]. Mais amor. (T)*

> *Mais aceitação e menos perseguição. (B)*

Segundo o site Quem a homofobia matou hoje (2018), a cada 19 horas um LGBT é assassinado ou se suicida, vítima da LGBTfobia.

Caro leitor, quanto tempo você demorou para ler este livro? Enquanto lia, quantas mortes ocorreram? Calma, ainda tem mais a conclusão para finalizar este trabalho. Ainda pode haver mais mortes, mais injustiças.

Em discordância, de acordo com o site lgbt.pt (2018), o significado das cores da bandeira do movimento gay são: roxo: vontade e força; azul: artes e amor pelo artístico; verde: natureza e amor pelas pessoas; amarelo: sol, luz e vida; laranja: cura e poder; vermelho: fogo e vivacidade. Um lado preconceituoso, do outro, a luta. E fica a pergunta: quem sobreviverá para contar o final da história? L? G? B? ou T? Façam suas apostas!

4

CONSIDERAÇÕES FINAIS

Neste livro houve dois grandes protagonistas: o psicodrama e a comunidade LGBT. O psicodrama, com todo seu charme e competência, dá brilho aos desavisados e encanto aos apaixonados. É completo, tendo técnicas e teorias, trabalhos em grupos e individuais. Tem amor, um coração enorme, que cabem muitos psicodramatistas. Já a comunidade LGBT traz o brilho e o colorido do amor, a consciência que ninguém pode ser julgado por amar e ser amado. É felicidade, guerreiros são aqueles que lutam pelo direito de ser quem são. Conquistas celebradas. Tem amor, um coração enorme, no qual cabem muitos gêneros e sexos. Se trocar a palavra psicodrama para comunidade LGBT, e vice-versa, percebe-se que é a mesma compreensão de indivíduo.

O psicodrama e o movimento LGBT são irmãos de famílias distantes. E que bom que se encontraram, e que encontro lindo. A espontaneidade e a criatividade estão vivas em ambos. Viva!

Assim, entrelaçados, iniciou-se esta monografia/livro, com o seguinte problema de pesquisa: "Quais são as contribuições da teoria da Matriz de Identidade para a compreensão do reconhecimento do Eu da população LGBT?". Sendo a Matriz de Identidade uma das maiores teorias do psicodrama, tendo em seu nome um dos maiores direitos da comunidade LGBT, a Identidade! A terceira fase dessa teoria é o Reconhecimento do Eu, um momento de reconhecimento de si mesmo, de descoberta da própria identidade. E transgêneros são aqueles que não se identificam com sua identidade de nascença, ou seja, estão descobrindo sua própria identidade. Dessa forma, percebe-se como a Matriz pode fundamentar a resposta desta pergunta tão inquietante a tantos transgêneros: "quem eu sou?". Outro exemplo está na quarta fase da Matriz de Identidade: O reconhecimento do Tu é o período dos "porquês", muitas inquietações no sujeito, e novamente, estabelece ligação com o movimento LGBT, com as dúvidas que uma sociedade heteronormativa coloca nos homossexuais. A dúvida de quebrar o sistema ou ser feliz. Entre tantos outros exemplos que podem ser dados, a Matriz de Identidade tem muito a contribuir com o reconhecimento da sexualidade LGBT. E, mais que isso, a Matriz de Identidade tem o mesmo final da comunidade LGBT, o momento do Encontro, última fase da Matriz e o orgulho da comunidade com sua sexualidade.

Após o problema de pesquisa ser solucionado, serão encaminhados os objetivos desta pesquisa.

O primeiro objetivo:

Identificar os principais conflitos da população LGBT que envolvem o atendimento em psicodrama individual nesses clientes.

Os principais conflitos percebidos nas sessões analisadas foram as primeiras fases da Matriz de Identidade, Simbiose e Reconhecimento do Eu e do Tu, que dizem respeito às dificuldades de o sujeito conseguir estabelecer distanciamento das cobranças da sociedade, muitas vezes homofóbicas, e se reconhecerem como pertencente à comunidade LGBT, reconhecer sua sexualidade e fazer com o que o outro também o reconheça dessa forma.

Essas primeiras fases da Matriz estão ligadas à base da Identidade, são os primeiros passos para se perceber pertencente de um mundo. Dessa forma, já que este mundo não aceita os sujeitos LGBT, essas primeiras fases são as mais difíceis de serem associadas pelos participantes da pesquisa.

O segundo objetivo:

Investigar por meio do psicodrama individual como ocorre o reconhecimento do Eu na população LGBT.

Esse objetivo é descriminado na primeira sessão analisada, como ocorreu no momento em que os participantes perceberam que sua sexualidade não era a imposta pela sociedade e por seus pais. E em cada participante foi diferente, alguns já sabiam desde novos, outros lutaram contra o seu Eu. O Eu, nesse momento, pode ser encarado em diversas fases: o indivíduo em si ou sua própria sexualidade, reconhecendo quem a pessoa é diante a sua sexualidade recém abraçada. O psicodrama individual foi excelente nesse momento, pois, com suas técnicas, como duplo e espelho, fez com que os participantes se percebessem e compreendessem o que houve com eles nessa época conturbada de suas vidas. O psicodrama também auxilia no momento da emoção, pois, ao lembrarem desse momento, houve lágrimas. Entretanto o psicodrama trabalha com emoção e, dessa forma, houve a transformação da dor para o alívio, da dúvida para o reconhecimento.

O terceiro objetivo:

Relacionar as etapas do Reconhecimento do Eu da população LGBT do Modelo Cass com as etapas da Matriz de Identidade.

O Modelo Cass foi criado por uma psicóloga australiana com o objetivo de mapear o processo de reconhecimento da sexualidade LGBT no indivíduo. E a Matriz de Identidade nasce com o objetivo de o psicodrama conter uma teoria de desenvolvimento. Assim, as duas têm objetivos muito semelhantes, o do desenvolvimento de papéis e comportamentos.

A primeira fase do Modelo Cass é a Confusão de identidade, muito semelhante à primeira fase da Matriz de Identidade, a Indiferenciação. Nos dois, o sujeito não sabe quem é ele, não se diferencia do mundo heteronormativo.

A segunda fase do Modelo Cass é a Comparação de identidade, e a segunda fase da Matriz de Identidade é a Simbiose. Nas duas fases, o indivíduo ainda tem uma relação de dependência com algo, com a sua sexualidade heterossexual e cisgênero.

A terceira fase do Modelo Cass é Tolerância à identidade, equivalente as terceira e quarta fases da Matriz de Identidade, o Reconhecimento do Eu e o Reconhecimento do Tu. Aqui, a pessoa já se compreende e percebe que precisa do Tu, sua sexualidade, e ela necessita se socializar com a comunidade LGBT.

A quarta fase do Modelo Cass é a de Aceitação da identidade, análoga à sétima fase da Matriz de Identidade, que é chamada de Triangulação. Nesses períodos, o sujeito já encontra o Ele, a comunidade LGBT, e o percebe. Nesse período, percebe que também precisa reconhecer sua sexualidade naquela comunidade.

A quinta fase do Modelo Cass, que é o Orgulho da identidade, é similar à oitava fase da Matriz de Identidade, a Circularização. O indivíduo já perpassa por todas as pessoas e convive muito bem no meio LGBT.

A sexta fase do Modelo Cass, intitulada de Síntese de identidade, é afim da nona fase da Matriz de Identidade, a Inversão de papéis. Nessas fases, o indivíduo transita entre o mundo hetero e homossexual, conseguindo trocar de papéis e se colocar no lugar das duas comunidades.

Sendo a última fase da Matriz de Identidade, o Encontro, há o sonho de um desfecho do Modelo Cass, em que todos consigam telicamente se perceber como seres únicos e pertencentes do direito de serem felizes, amarem e poderem andar em segurança na rua.

Dessa forma, é perceptível como o Modelo Cass e a Matriz de Identidade se contemplam.

O quarto e último objetivo:

Perceber a prevalência da espontaneidade diante das conservas culturais da população LGBT em psicodrama individual.

É perceptível nas sessões analisadas o poder das conservas culturais em cima de cada indivíduo LGBT. O preconceito e o medo em que a sociedade trata essa comunidade são explícitos em dúvidas: de se expor, de beijar alguém na rua, da liberdade sendo tirada. Entre-

DA ESPONTANEIDADE À DIVERSIDADE

tanto o amor e a espontaneidade venceram dessa vez, houve "saídas de armários", lutas travadas para serem respeitados dentro de casa. O medo foi trocado por orgulho, o preconceito por conhecimento da comunidade e as conservas culturais pela espontaneidade, como no relato a seguir:

Não mudaria nada, hoje sou feliz com o que sou. (G)

As conservas culturais da sexualidade sempre estarão presentes no dia a dia, mas cada indivíduo pode responder de uma forma, e esses quatro jovens decidiram mostrar as suas felicidades, suas criatividades.

Fecham-se os objetivos desta pesquisa com todos sendo explicados e defendidos durante o decorrer do texto lido.

Enfim, o fim. O fim de um ciclo, de um momento. O livro é como uma parada do orgulho LGBT. Primeiro, houve encontros para serem discutidos quando será e onde será, após, o tema sendo resolvido e divulgado. Logo depois, várias semanas/meses de organização: local, repertório. O que falar nesses momentos, e mais importante, como falar e transmitir a melhor ideia. Assim, chega o dia da parada do orgulho; nervosismo e entusiasmo. Criou-se um filho, gerou e agora o mundo poderá contemplar. É dada a palavra, é aplaudida ou não. É lida, sentida. Para alguns, fez sentido todos aqueles meses de preparação, para outros foram perda de tempo. Para alguns, lágrimas. Para outros, desdém. Para, no fim do dia, só haver fotos e lembranças de momentos intensamente vividos e esperança que a parada/livro seja uma semente plantada para a transformação. A transformação de milhares de pessoas, de mentes. Abrir mentes. Abrir corações. Que o mundo é igual, e que todos merecem respeito!

Obrigada por chegar até aqui, que você leve a semente da transformação de um mundo mais colorido e espontâneo.

CONCLUSÃO DAS CONSIDERAÇÕES FINAIS

Para TUDO! Não quero terminar ainda este livro.

Quero falar um pouco de mim, um pouco da minha trajetória e do que já aprendi e vivi dentro da comunidade LGBT, como observadora e estudiosa. Mas como uma mulher cis e hetero quero dar mais fala à essa comunidade. Assim, segue alguns relatos de amigos sobre o que é ser LGBT na sociedade.

Mulher trans:

O ser humano transexual pode não ter conhecimento desde o nascimento de sua identidade de gênero (imagem pela qual se identifica diante a sociedade é diferente do seu sexo biológico). Mas ao longo da vida, cada um no seu tempo tem suas necessidades se manifestando, as negações em relação ao corpo e ao modo de comportamento padrão imposto pela sociedade nos torna alvo de toda forma de negligência, abandono e discriminação e, quando isso acontece dentro do ambiente familiar, torna-se ainda mais difícil sobreviver. Sair da adolescência e estar em um ambiente de ensino escolar onde você não recebe o respeito a todo momento, sendo apontadas suas diferenças como anormal, aberração. Me pergunto qual a maneira de seguir e ter uma forma de enfrentamento afirmando sua identidade de quem você é, contra uma sociedade que nos coloca a todo momento como uma população não existente. Homens e mulheres transexuais não têm dados e informações ou política públicas de saúde e segurança garantidas como toda a população cis-heteronormativa.

Ser trans ou travesti depois de passar por toda negligência estrutural, institucional, governamental e ainda ser privada do convívio familiar (onde querem que permanecermos presos as regras para que ninguém ali seja apontado e sofra por ser familiar de uma pessoa trans).

Ouvimos de muitos que grande parte da população trans está na prostituição e não tem emprego porque não tem capacidade e nunca se interessou em estudar, fico indignada como uma população com tamanha vulnerabilidade social ainda merece ouvir isso.

Não entrei em índice de violências, porém vale afirmar que nenhum plano de segurança pública cita impasse vivido pela nossa população, sem política afirmativa de combate e sem leis, os crimes contra nossa população são significados de impunidade ou não execução penal.

Percebe-se revolta contra uma sociedade que ainda é transfóbica, uma sociedade que ainda aponta a meninas e meninos que só não seguem os rituais de identidade tão preservados. Há indignação de inexistência de políticas públicas voltadas a essa comunidade. Há cansaço. Há luta diária.

Mulher lésbica:

Ser lésbica fora do padrão é acordar todos os dias e pensar "será que vão mexer comigo na rua?" "Será que alguém vai tentar me estuprar pra provar que uma mulher só é lésbica por não ter transado com homem?".

Ser lésbica é levar quase 10 anos pra se assumir com medo do que a sua mãe vai falar. E quando se assume, sua vó diz que "você é a vergonha da família".

Ser lésbica é ter que ficar quieta na ceia de Natal pra não bater de frente com os familiares e ser esculachada.

Ser lésbica é ter que responder sempre "Como você transa?"

Ser lésbica é ser resistência e provar pra si que a opinião dos outros não vale nada.

Ser lésbica é sofrer dois preconceitos na sociedade: por sua orientação sexual e por ser mulher.

Homem gay:

Ser gay nos dias de hoje, só existir já um próprio ato de resistência. Até 17 de março de 1990, a homossexualidade constava na lista de doenças da OMS. Esse dia 17 foi histórico. O homossexualismo perdeu o sufixo de doença tornando-se homossexualidade, ganhando sufixo da identidade. Entretanto o ser humano pode às vezes ser cruel, e mesmo perdendo status de doença, o preconceito continua imperando no mundo. Por isso que ser gay e assumido nos dias se hoje é esse ato de resistência. Resistência contra o preconceito. Resistência contra a ignorância. É se impor numa sociedade machista e homofóbica, que aparentemente te aceita, mas por baixo dos panos te abomina como pecador que vai pro inferno, verme imoral e que, na realidade, te despreza. É dizer: eu existo, e estou aqui para ficar.

Apesar disso tudo, ser gay nos dias de hoje também é ser feliz. Ser feliz por ser quem realmente você é. É poder assumir sua verdadeira identidade, amar quem você realmente ama e ser feliz como você realmente quer. Tenho um profundo agradecimento e admiração aos gays de outrora que tiveram que viver sua vida com mais medo que nós, porém a viveram e foram resistência. Pois se agora as pessoas são "obrigadas" a aceitarem que nós existimos, nem isso era possível no passado.

Portanto, ser gay é uma batalha diária. Batalha cheia de pedras no caminho, entretanto, que vale muito a pena ser travada e vivida. Ser gays nos dias de hoje é ter orgulho. Orgulho de se existir. Orgulho de ser você. Orgulho de amar. Orgulho de viver.

E o que você está fazendo para se unir à resistência contra o preconceito para mais pessoas terem orgulho?

Mulher bissexual:

Quando recebi essa pergunta, imediatamente lembrei de como as coisas eram quando me descobri bi, há aproximadamente 10 anos. Nós não tínhamos referência alguma, acabávamos descobrindo tudo no susto. Se quiséssemos ficar com alguém do mesmo sexo, tinha que ser escondido e era muito raro encontrar alguém de confiança que você pudesse falar sobre. Pensando sobre isso, a resposta logo foi "É muito bom, hoje há bem mais aceitação e não há mais tanto preconceito", mas refletindo um pouco melhor, será que é isso que merecemos? Será que só porque hoje as coisas estão menos piores, ainda é aceitável passar pelo o que passamos?

Eu logicamente jamais compararia o preconceito que eu, uma bissexual dentro dos padrões de feminilidade, sofre com o de homossexuais, principalmente os que não performam padrões de gênero, porque são violências bastantes diferentes e específicas. Nós somos tratados sempre como promíscuos, já vi pessoas nos acusarem de trazer as doenças sexualmente transmissíveis dos homossexuais para os héteros (e pasmem, o contrário também). Nossa existência é sempre apagada, somos tratados como héteros quando estamos em um relacionamento hétero, e como homo quando estamos em um relacionamento homoafetivo. E o pior de tudo, nós, mulheres bissexuais, somos constantemente fetichizadas por homens héteros, como se nossa sexualidade existisse apenas em função de agradar o desejo sexual masculino.

Visto tudo isso, reconheço as vitórias que conseguimos na luta LGBT, porém não devemos nos contentar com a violência apenas porque as coisas hoje são melhores, ainda há muito caminho pela frente e precisamos nos unir. Nós, gays, lésbicas, bissexuais, homens e mulheres trans e qualquer pessoa que sofra preconceito devido ao seu gênero ou orientação sexual, devemos lutar pelo respeito e segurança que merecemos como qualquer cidadão, para que, daqui a 10 anos, possamos olhar para o passado e reconhecer que tudo estará muito melhor.

Quantas vezes você já pensou na bissexualidade dessa forma? Ou já escutou alguém brincando assim e não falou nada? A luta continua a cada momento, a cada segundo. Somos seres que precisam evoluir e crescer. E como está sua evolução diária?

Como mulher cis e privilegiada, coloco-me na necessidade de fazer algo a todos esses relatos, assim nasce o movimento em minha cidade, o coletivo Parô. Este coletivo, que tem como objetivo lutar contra a LGBTfobia e todos os preconceitos contra a diversidade humana, nasceu com o intuito de unir a comunidade, de construir. Iniciou com uma postagem em redes sociais, um convite para quem queria se juntar a mim. Iniciou com minhas lágrimas, acreditando que não iria conseguir realizar esse sonho. Mas enfim, teve, dia 07 de setembro 2018, 40 pessoas querendo fazer o diferente. Quarenta pessoas que quiseram dizer que "Parô" com a violência na cidade, no país e no mundo. Entretanto, escrevo aqui, em menos de um ano que houve esta reunião, já documentamos três agressões e uma morte, causadas diante o preconceito. Temos um caminho enorme. Às vezes o medo e a insegurança são maiores. Você, se for da comunidade LGBT, deve entender bem o que estou sentindo. Mas acredito em nós, acredito na sociedade e em quem está lendo este livro. Acredito que iremos mudar, que pararemos com o medo de andar na rua, o medo de beijar e amar. Chegou a vez de vocês! Estarei junto, e você? O que você fará?

Medos e Acertos

Um dos maiores medos da comunidade LGBT é a saída do armário, fazer com que os outros reconheçam a maior parte de si. O medo de não ser mais aceito pela família, não fazendo mais parte dela, ou até brigas e choros. O medo permeia até o fatídico em que alguém descobre e pergunta para você ou simplesmente você conta por não aguentar mais aquilo tudo dentro de você. Um dia chegará, e tem milhares de histórias de pessoas que já passaram por isso, algumas ótimas, em que os pais o aceitaram, diziam que já sabiam e continuava a vida na maré que estava transcorrendo. Entretanto, para alguns, infelizes, há muito choro, revolta. Alguns são expulsos de casa, outros não há expulsão física, mas emocional: poucos olhares, nenhuma palavra.

Assim, queria dar dicas para como se organizar tanto emocionalmente quanto financeiramente.

1. Converse com amigos antes de contar aos seus pais. Ter o apoio dessas pessoas é essencial. Converse sobre seus medos, divida isso, não se sinta sozinho, porque você não está;

2. Treine como você poderá contar. O que falar, como falar. Planeje-se para se sentir mais seguro.

3. Claro que, às vezes, não será igual ao seu treino. Mas faça planos A, B, C, para sentires mais confiança;

4. Não terá o melhor horário para contar, mas organize-se em contar quando estiverem sozinhos, em um momento que tenham bastante tempo para conversar. Em casa, e em nenhum evento grande. Para que seja uma conversa tranquila, o lugar ser tranquilo já é metade do caminho;

5. Se você achar que tem alguma chance dos seus pais o expulsar, tente guardar um dinheirinho para emergências e já avise alguns amigos para guardarem um colchão para você, e

6. Acredite em você! Acredite na força do amor. Acredite nas suas coisas. Não deixe passar a vida e não contares algo tão lindo da tua vida para pessoas tão importantes. Tenha orgulho de você e de quem você é.

Entretanto se foi no susto e não conseguiu se organizar, ou treinar: calma, escute tudo e converse com eles. Seja você, sempre! Não se esconda mais.

Para os pais que escutam de seus filhos, eu imagino que vocês já desconfiavam disso. Não pegou tanto no susto, certo? Sempre perceberam, só estavam com medo de isto vir à tona no meio de um almoço e não conseguires responder. E os medos são imensos, o medo de perder seu filho por causa do preconceito na rua, o medo do seu filho apanhar ou se machucar por mostrar ao mundo sua sexualidade. O medo. O medo te paralisava e fazia não perguntares algo que já sabias a resposta.

Há, também, a despedida de sonhos que colocasse em cima daquele filho ou filha. Os netos, o casamento. Tudo isso, que parece que foi arrancado de você.

DA ESPONTANEIDADE À DIVERSIDADE

E sem esquecer do estranhamento. O que significa todas as siglas, este universo todo? Na sua época não existia tão escancarado isso e agora terás que aprender tudo em pouquíssimo tempo.

É, mãe e pai vieram sem manuais de instruções. Sei que é muito a digerir, mas calma, é teu filho e filha na sua frente. O que você ensinou a ele(a) continua ali, todas as regras e momentos juntos. E saiba: ele(a) também está morrendo de medo, mas quis se abrir para você. Pode surtar e chorar um pouco, mas não esqueça de, após, abraçá-lo(a) e mostrar todo seu amor, que tenho certeza que ainda existe.

1. Se o medo continuar, vire ativista do movimento LGBT. Lute pelos direitos do seu filho, lute para que menos mortes e impunidades ocorram;

2. Há grupos de mães e pais de pessoas LGBT, entre e converse. Ali você pode se abrir e encontrar apoio de todos os seus medos. E verás que não é só você que sente tudo isso;

3. Estude e pergunte ao seu filho. Não é errado não entender como funciona os relacionamentos homoafetivos ou não entender algumas siglas;

4. Coloque sempre seu filho em prioridade. Ame-o, ele está na sua frente, só te pedindo amor.

Todos os envolvidos estão com medo e não sabendo mais o que fazer. Mas se nos unirmos, tenho certeza que acharemos as respostas de todos os medos e todas as desilusões. Se o amor cura, o amor dos pais une e fortalece para esse mundo tão escuro e preconceituoso.

Que sejamos pais e filhos mais unidos e fortes. Que estejamos juntos em todos os percursos e que vivamos todas as diferenças de personalidade, de jeito de falar, de tudo. Que sempre haja diferenças, que sempre haja respeito.

Abrace uma mãe, um pai e um filho LGBT. Abrace o mundo!

Já a saída do armário, ou os medos secretos de um psicodramatista, é a formação das cenas e construção de insights que explodem de espontaneidade e criatividade. Que seu protagonista resolva suas limitações e você possa sair confortável de mais um dia de sessões memoráveis. Nós, psicodramatistas, cobramo-nos muito em dar. Dar uma sessão boa, dar imagens e concretizações espetaculares. Dar vínculos saudáveis e firmes. Dar teles inesquecíveis. Dar novos encontros fora e dentro do setting terapêutico. Vish, é muita coisa! Muita coisa para a cabeça de um terapeuta e que às vezes se esquece, dessa forma, de prestar atenção em seu protagonista.

E, assim, com o tempo, vamos percebendo que temos muita responsabilidade pelo trabalho, mas não é só nossa, pois, na ação, o protagonista deve se responsabilizar pelo seu aqui e agora. Paramos de nos cobrar tanto em precisar dar respostas e percebemos que o protagonista precisa chorar em cada sessão e dizer o quanto você mudou a vida dele. Paramos de pensar em técnicas e pensar na realidade em nossa frente. No nosso protagonista.

Isso leva algum tempo, leva o tempo da experiência. De percebermos que algumas sessões que foram sem choros e grandes revelações fizeram a maior diferença no seu protagonista. Perceber que, às vezes, ele só quer falar e ser escutado e não levantar da cadeira e fazer grandes cenas.

Falando em levantar da cadeira, muitos sentem essa obrigatoriedade. "Se é psicodramatista, precisa levantar". Será que é assim tão rígido? Pensa comigo, se prezamos tanto a espontaneidade, por que quebraríamos a nossa própria criatividade no nosso trabalho, colocando regras e conservas culturais? Meu anjo, levante quando sentires necessidade e que tenha algo a fazer. Senão, faça cenas sentados e seja o mais espontâneo naquele momento.

O psicodramatista tem várias técnicas no bolso para serem usadas em qualquer momento. Mas qual usar e em qual momento? A dúvida já pegou milhares de psicólogos. Entretanto o mais importante é conhecê-las testando-as. E calma. Se a "chance" de usar determinada técnica passou, não se preocupe, esse momento voltará e poderás usar maravilhosamente bem em outra situação.

Dicas para fazer sessões ótimas são simples, primeiro precisamos conversar com o protagonista. Escutá-lo e tirar a ansiedade nesse novo encontro. Após, relatar algumas dificuldades, precisamos encontrar um problema a ser resolvido nessa sessão. Mas, calma, primeiro que não é só sua responsabilidade achar e, segundo que, às vezes, o protagonista quer conversar e não solucionar. Entretanto se forem muitas sessões só na conversa, está na hora de percebermos como está sendo essas sessões para o protagonista, se não estamos acomodados demais, tanto nós quanto o protagonista.

Após, encontrarmos o conflito que vamos trabalhar. Está na hora de usarmos os nossos superpoderes, ou seja, nossas técnicas. E nesse momento pode tudo. Se a questão está sendo com a relação com os pais, já chame os pais, ou concretizando-os nas almofadas, ou pedindo para o protagonista ser os pais. Também pode ser pedido uma imagem de como está a relação deles e depois de fazer a imagem, pergunte o que ele acha da imagem, como ele gostaria que fosse, entre no papel de um deles. Enfim, uma imensidão de suportes. Se o problema for no trabalho, podemos fazer uma imagem desse trabalho ou o átomo social do protagonista no serviço. Se for uma ansiedade, peça para ele sentir no corpo e concretizar, vamos conversar com essa ansiedade. Enfim, tem muito que o podemos tirar da cartola de técnicas. Mas, novamente, o mais importante não é atirar milhares de técnicas, é escutar o que o protagonista está falando para, assim, conseguirmos fazer uma linda e eficiente técnica.

Após, quando estiver terminando o tempo da sessão, achando a solução ou não. (Quase sempre não achamos por completo. Não se frustre). Perguntamos como está o protagonista e como foi a sessão para ele.

Agora respire e respeite seu corpo. Tenho certeza que foi uma sessão maravilhosa.

Muitos, no começo, preocupam-se se irão conseguir fazer a técnica, se o protagonista vai entrar no papel de sua mãe, seu filho ou seu chefe. E tem formas de aquecer o protagonista e ele continuar. Mais ou menos assim:

Psicodramatista: Você vai ser um pouquinho sua mãe, pode ser?

Protagonista: Como assim?

Psicodramatista: Vou fazer algumas perguntas e você vai responder como se fosse ela, mas calma, se não conseguires, só me avisar. (Diminua a ansiedade do protagonista. Essa pode ser a primeira vez que ele esteja fazendo isso).

Protagonista: Ok.

Psicodramatista: (Aqui começamos a fazer perguntas que ele sabe, por exemplo, qual é o seu nome, onde trabalhas, se é casado. Enfim, perguntas normais que com certeza o protagonista sabe sobre sua mãe. Após percebermos que o protagonista já está respondendo tranquilo, começamos a perguntar o que queremos realmente. Os dois estarão, protagonista e psicodramatista, aquecidos).

Para continuar o protagonista aquecido, em toda pergunta reitero o nome da mãe, como no exemplo apresentado, para sempre compreender com quem estou falando.

Acredito que o psicodrama dá medo. Ao protagonista e principalmente ao terapeuta. Jogamo-nos juntos, às vezes, sem saber para onde estamos indo e se teremos um pouso confortável. Mas nunca largamos o protagonista, sempre estamos juntos. Firmes, para, assim, cada vez mais nos tornamos terapeutas melhores com viagens lindas e dolorosas com o nosso protagonista. Acredite em você, você irá brilhar nesta jornada!

REFERÊNCIAS

GUIAR, M. **Teatro da Anarquia**: um resgate do psicodrama. Campinas: Papirus, 1988.

AGUIAR, M. **O teatro terapêutico**: escritos psicodramáticos. Campinas: Papirus, 1990.

AGUIAR, M. **Teatro espontâneo e psicodrama**. São Paulo: Ágora, 1998.

ALLENDE, I. **Afrodite**: contos, receitas e outros afrodisíacos. 4. ed. São Paulo: Bertrant Brasil, 2002.

ALMEIDA, W. **Rodapés psicodramáticos**: subsídios para ampliar a leitura de J. L. Moreno. São Paulo: Ágora, 2012.

ALVES, E. MONIZ, A. A família no processo de coming out: sair do armário. **Jornal Brasileiro de Ciência da Saúde**, v.1, n.1, p. 1-14, 2015.

AMERICAN PSYCHOLOGICAL ASSOCIATION. **Guidelines for psychotherapy with lesbian, gay and bisexual clients**. 2005. Disponível em: http://www.apa.org/pi/lgbc/publications/guidelines.html. Acesso em: 13 abr. 2018.

ARAN, M.; ZAIDHAFT, S.; MURTA, D. **Transexualidade**: corpo, subjetividade e saúde coletiva, Porto Alegre, v. 20, n. 1, p. 70-79, 2008.

AZEVEDO, L. Ética da alegria e do encontro: elucidações espinhosas e perspectivas psicodramáticas. **Revista Brasileira de Psicodrama**, v. 25, n. 1, p. 78-85, 2017.

BERMÚDEZ, J. G. R. **Introdução ao psicodrama**. São Paulo: Mestre Jou, 1970.

BIMBI, B. **Casamento igualitário**. Rio de Janeiro: Garamound, 2013.

BIMBI, B. **O fim do armário**: lésbicas, gays, bissexuais e trans no século XXI. Rio de Janeiro: Garamound, 2017.

BORGES, K. **Terapia afirmativa**: uma introdução à psicologia e à psicoterapia dirigida a gays, lésbicas e bissexuais. São Paulo; GLS, 2009.

BRANDÂO, A. Breve contributo para uma história da luta pelos direitos de gays, lésbicas na sociedade portuguesa. *In*: SEMANA PEDAGÓGICA UNIÃO DE MULHERES ALTERNATIVA E PEDAGÓGICA, 2008, Braga, **Anais** [...].

BRASIL. Senado Federal. Projeto de Lei nº 122 de 2006. **Criminaliza a homofobia**. 2006. Disponível em: https://www25.senado.leg.br/web/atividade/materias/-/materia/79604. Acesso em: 09 abr. 2018.

BRASIL. Lei n° 1955/2010. 2010. **Dispõe sobre a cirurgia de transgenitalismo**. Disponível em: http://www.portalmedico.org.br/resolucoes/cfm/2010/1955_2010.htm. Acesso em: 11 mar. 2018.

BRASIL. Ministério da Saúde. **Mulheres lésbicas e bissexuais**: direitos, saúde e participação social. Brasília, DF, 2013.

BRASIL. **Relatório de violência homofóbica no Brasil**: 2013. 2013. Disponível em :http://www.sdh.gov.br/assuntos/lgbt/dados-estatisticos/Relatorio2013.pdf. Acesso em: 09 abr. 2018.

BRASIL. Ministério Público Federal. **Mudança de novo e gênero no registro civil de transexuais não depende de cirurgia, define STF**. 2018. Disponível em: http://www.mpf.mp.br/pgr/noticias-pgr/mudanca-de-nome-e-genero-no-registro-civil-de-transexuais-nao-depende--de-cirurgia-decide-stf. Acesso em: 09 abr. 2018

BRASIL. **Projeto de Lei João Nery**. Disponível em: http://www.camara.gov.br/ proposicoesWeb/prop_mostrarintegra?codteor=1059446&filename=PL+5002/2013. Acesso em: 09 abr. 2018

BRASIL. **Resolução nº 466/2012**. Disponível em: http://conselho.saude.gov. br/resolucoes/2012/Reso466.pdf. Acesso em: 10 abr. 2018.

BRASIL. Portaria 2.083/2013. **Redefine e amplia o processo transexualizador no sistema único de saúde**. Disponível em: http://bvsms.

saude.gov.br/bvs/saudelegis/gm/2013/prt2803_19_11_2013.html. Acesso em: 10 abr. 2018.

BRASIL. **Resolução nº 175/2013**. Disponível em: http://www.cnj.jus.br/busca-atos-adm?documento=2504. Acesso em: 10 abr. 2018.

BRASIL. Lei 8.069. **ECA**. Disponível em: http://www.planalto.gov.br/ccivil_03/leis/L8069.htm. Acesso em: 12 abr. 2018.

BRASIL. **Resolução 12/2015**. Disponível em: http://www.sdh.gov.br/sobre/participa cao-social/cncd-lgbt/resolucoes/resolucao-012. Acesso em: 10 abr. 2018.

BORRILLO, D. **Descortinando a homofobia**. Belo Horizonte: Autêntica, 2010.

BUSTOS, D. **Manual para um homem perdido**. São Paulo: Record, 2003.

BUSTOS, D. **O Psicodrama**: aplicações da técnica psicodramática. São Paulo: Ágora, 2005.

CANABARRO, R. **História e direitos sexuais no Brasil**: o movimento LGBT e a discussão sobre cidadania. 2013. Disponível em: http://www.direito.mppr.mp.br/arquivos/File/historiaedireitoscanabarro.pdf. Acesso em: 11 abr. 2018.

CARDOSO, F. L. O conceito de orientação sexual na encruzilhada entre sexo, gênero e motricidade. **Revista Interamericana de Psicologia**, Porto Alegre, v. 42, n. 1, p. 69-79, maio/jul. 2008.

CASTANHO, G. Jogos Dramáticos com adolescentes. *In*: MOTTA, J. **O jogo no psicodrama**. São Paulo: Ágora, 1995.

CAVALCANTE, C. Interpolação de Resistências. *In*: MONTEIRO, R. F. (Org.). **Técnicas fundamentais do psicodrama**. São Paulo: Brasiliense, 1993.

CHILAND, C. **Transexualismo**. São Paulo: Loyola, 2008.

COHEN, K; SAVIN-WILLIAMS, R. "Saindo do armário" para si mesmo e para os outros. *In*: LEVOUNIS, P.; DRESCHER, J.; BARBER, M. **O livro de casos clínicos GLBT**. Porto Alegre: Artmed, 2014.

CONTRO, L. Veredas da pesquisa psicodramática: entre a pesquisa-ação e a pesquisa intervenção. **Revista Brasileira de Psicodrama**, São Paulo, v. 17, n. 2, p. 13-24, 2008.

CONSELHO FEDERAL DE PSICOLOGIA. **Resolução CFP 01/99 é mantida em decisão judicial.** 2017. Disponível em: http://site.cfp.org. br/resolucao-cfp-0199-e-mantida-em-decisao-judicial/#CFP. Acesso em: 19 dez. 2017.

CONSELHO FEDERAL DE PSICOLOGIA. Resolução 001/99. **Estabelece normas de atuação para os psicólogos em relação à questão da Orientação Sexual**. Disponível em: https://site.cfp.org.br/wp-content/uploads/1999/03/resolucao1999_1.pdf. Acesso em: 13 abr. 2018.

CONSELHO NACIONAL DE DIREITOS HUMANOS. **Nota de repúdio à violência contra as Pessoas Lésbicas, Gays, Bissexuais, Travestis, Transexuais no Brasil**. 2017. Disponível em: http://www.mdh.gov. br/noticias/pdf/nota-de-repudio-a-violencia-contra-as-pessoas-lgbt-1. Acesso em: 28 dez. 2017.

CONSELHO REGIONAL DE PSICOLOGIA SP. **História da luta de LGBT no Brasil**. 2015. Disponível em: http://www.crpsp.org.br/portal/comunicacao/cadernos_tematicos/11/frames/fr_historico.aspx. Acesso em: 28 dez. 2017.

CONTENTE, R. O outro queer no contexto conservador global. **Revista Mosaico**, v. 8, n. 13, p. 12-17, 2017.

CRELIER, V. Projeção para o futuro. *In*: MONTEIRO, R. F. (org.). **Técnicas fundamentais do psicodrama**. São Paulo: Brasiliense, 1993, p. 85-91.

CUKIER, R. **Psicodrama bipessoal**. São Paulo: Editora Ágora, 1992.

CUKIER, R. **Psicodrama bipessoal**: sua técnica, seu cliente e seu terapeuta. São Paulo: Ágora, 2012.

DIAS, M. B.; ZENEVICH, L. Um histórico da patologização da transexualidade e uma conclusão evidente: a diversidade é saudável. **Gênero e Direito**, Paraíba, n. 2, p. 11-23, jul./dez. 2014.

FACEBOOK. **Manifesto para as Lésbicas**. 2017. Disponível em: https://www.facebook.com/notes/manifesto-para-as-l%C3%A9sbicas/manifesto-por-um-movimento-l%C3%A9sbico-feminista-e-anticapitalista-e-por--isso-transi/1941770826097375/. Acesso em: 28 dez. 2017.

FACHINI, R. Movimento homossexual no Brasil: recompondo um histórico. **Cad. Ael.**, São Paulo, v. 10, n. 18/19, p. 83-123, 2003.

FACHINI, R. Entre compassos e descompassos: um olhar para o "campo" e para a "arena" no movimento LGBT brasileiro. **Revista Bagos**: estudos gays, gêneros e sexualidade, Natal, v. 3, n. 4, p. 131-158, 2009.

FATOR, T. **A teoria psicodramática e o desenvolvimento do papel profissional**. 2010. Disponível em: http://repositorio.uscs.edu.br/bitstream/123456789/131/2/Teoria%20Psicodramatica.pdf. Acesso em: 15 fev. 2018.

FERRARI, A. Revisando o passado e construindo o presente: movimento gay como espaço educativo. **Revista Brasileira de Educação**, v. 25, n. 25, p. 105-115, 2004.

FERREIRA, A. **Dicionário da língua portuguesa**. 5. ed. Curitiba: Positivo, 2010.

FONSECA, J. **Psicodrama da loucura**: correlações entre Buber e Moreno. 7. ed. rev. São Paulo: Ágora, 1980.

FONSECA, J. **Psicoterapia da Relação**: um psicodrama minimalista. 2009. Disponível em: https://static1.squarespace.com/static/543d7affe4b0fffb4573bba9/t/548e2856e4b0eefd6c58706a/1418602582906/Psicodrama_Minimalista.pdf. Acesso em: 10 jan. 2018.

FONSECA, J. **Psicoterapia da relação**: elementos do psicodrama contemporâneo. São Paulo: Ágora, 2010.

FONSECA, J. Onde está o reconhecimento do ele na matriz de identidade? Intersecções entre Moreno e Lacan. **Revista Brasileira de Psicodrama**, São Paulo, v. 20, n. 2, p. 115-132, 2012.

FRANCO, G. **Preparando a vitória**: Psicologia do Esporte e Psicodrama São Paulo: Ágora, 2004.

FRANÇA, I. Identidades coletivas, consumo e política: a aproximação entre mercado GLS e movimento GLBT em São Paulo. **Horizontes Antropológicos**, Porto Alegre, v. 13, n. 28, p. 289-311, 2007.

FRANÇA, M. Terapia com casais do mesmo sexo. *In*: VITALE, M. (org.). **Terapia de casal e psicodrama**. 2. ed. São Paulo: Ágora, 2004.

FREIRE, C. **O Corpo reflete o seu drama**: somatodrama como abordagem psicossomática. São Paulo: Ágora, 2000.

FRY, P.; MAKAE, E. **O que é a homossexualidade**. 7. ed. São Paulo: Brasiliense, 1991.

GAZZIERO, M.; DANIELSKI, W. Sociodrama e conjugalidade: um estudo com um grupo de mulheres. **Rev. Bras. Sicodrama**, v. 21, n. 2, p. 133-140, 2013.

GIL, A. **Métodos e técnicas de pesquisa social**. 6. ed. São Paulo: Atlas, 2008.

GONÇALVES, C. S.; WOLFF, J. R.; ALMEIDA, W. C. **Lições de Psicodrama**: introdução ao pensamento de J. L. Moreno. São Paulo: Ágora, 1988.

GONÇALVES, C. Técnicas básicas: Duplo, Espelho e Inversão de Papéis. *In*: MONTEIRO, R. **Técnicas Fundamentais do Psicodrama**. São Paulo: Ágora, 1998.

GROSSI, M. Identidade de gênero e sexualidade. **Antropologia em 1a mão**, Florianópolis, UFSC/PPGAS, 1998.

GRUPO GAY DA BAHIA. **Grupos Gays no Brasil**. 2003. Disponível em: http://www.ggb.org.br/grupgays_n.html. Acesso em: 19 dez. 2017.

GUERRA, E. A técnica psicodramática da "concretização" e suas relações com o desenvolvimento humano. **Revista Ciências e Cognição**, São Paulo, v. 13. p. 114-130, 2008.

KAUSS, B; ALBERNAZ, R. Do movimento social LGT brasileiro ao projeto de lei nº122/2006 e o estatuto da diversidade sexual. **Revista Aujuris**, Porto Alegre, v. 42, n. 139, p. 30-49, 2015.

JESUS, J. **Orientações sobre identidade de gênero**: conceitos e termos. 2012. Disponível em: http://www.diversidadesexual.com.br/wp-content/uploads/2013/04/G%C3%8ANERO-CONCEITOS-E-TERMOS.pdf. Acesso em: 02 ago. 2018.

KNOBEL, A. Coconsciente e coinconsciente no psicodrama. **Revista Brasileira de Psicodrama**, São Paulo, v. 19, n. 2, p. 139-152, 2011.

LEWIS, E. **Acho que isso foi bastante macho para ela**: reforço e subversão de ideologias heteronormativas em performances narrativas digitais de praticantes de pegging. 2016. Tese (Doutorado em Linguagem) – Pós Graduação em Estudos da Linguagem, PUC, Rio de Janeiro, 2016.

LGBT, PT. **As cores da bandeira LGBT e seu significado**. 2017. Disponível em: http://www.lgbt.pt/cores-bandeira-lgbt/. Acesso em: 21 ago. 2018.

LOURO, G. Currículo, gênero e sexualidade – o "normal", o "diferente" e o "excêntrico". *In*: LOURO, G.; FELIPE, J.; GOELLNER, S. (org.). **Um debate contemporâneo na educação**. Petrópolis: Vozes, 2003.

MARINEAU, R. F. **Jacob Levy Moreno 1889-1974**: pai do psicodrama, da sociometria e da psicoterapia em grupo. São Paulo: Ágora, 1992.

MARTÍN, E. G. **Psicologia do encontro**: JL Moreno. São Paulo: Ágora, 1996.

MAZZOTTA, --. O pesquisador e o professor de psicodrama. *In*: MOTTA, J. M. C.; ALVES, L. (org.). **Psicodrama**: ciência e arte. São Paulo: Ágora, 2011.

MELLO, L.; AVELAR, R.; MAROJA, D. Por onde andam as políticas públicas para a população LGBT no Brasil. **Soc. Estado**, São Paulo, v. 27, n. 2, p. 289-312, 2012.

MEMORIAL DA DEMOCRACIA. **Parada LGBT de SP vai para o "Guinness".** 2006. Disponível em: http://memorialdademocracia.com.br/card/parada-lgbt-de-sp-no-guiness-book. Acesso em: 19 dez. 2017.

MENDES, L. **A história do movimento homossexual brasileiro.** 2010. Disponível em: http://lgbtt.blogspot.com.br. Acesso em: 28 dez. 2017.

MENEGAZZO, M; TOMASINI, A; ZURERETTI, M. **Dicionário de psicodrama e sociodrama.** São Paulo: Ágora, 1995.

MENEZES, I.; SANTOS, S. Papel de diretor de sociodrama: competências e limitações. **Revista Brasileira de Psicodrama**, São Paulo, v. 21, n. 1, p. 173-182, 2013.

MOLINA, L. P. P. A homossexualidade e a historiografia e trajetória do movimento homossexual. **Antíteses**, Londrina, v. 4, p. 949-962, 2011.

MONTEIRO, R. O jogo no psicodrama. *In:* MONTEIRO, R. (org.) **Técnicas fundamentais do psicodrama.** São Paulo: Ágora, 1998a.

MONTEIRO, R. Técnicas históricas, teatro da improvisação e jornal dramatizado. *In:* MONTEIRO, R. (org.) **Técnicas fundamentais do psicodrama.** São Paulo: Ágora, 1998b.

MORENO, J. L. **Psicodrama.** São Paulo: Cultrix, 1975.

MORENO, J. L. **Moreno**: autobiografia. São Paulo: Saraiva, 1997.

MORENO, J. L. **Psicoterapia de Grupo e Psicodrama.** Tradução: José Carlos Vitor Gomes, Campinas, SP: Livro Pleno, 1999.

NAVARRO, R. **Novas formas de amar.** São Paulo: Planeta, 2018.

NERY, M. P. **Vínculo e Afetividade.** São Paulo: Ágora, 2014.

NUDEL, B. **Moreno e o hassidismo**: princípios fundamentais do pensamento filosófico do criados do psicodrama. São Paulo: Ágora, 1994.

NUNES, C. **Desvendando a sexualidade.** Campinas: Papirus, 2003.

PERAZZO, S. **Ainda e sempre Psicodrama.** São Paulo: Ágora, 1994.

PERAZZO, S. **Fragmentos de um olhar psicodramático**. São Paulo: Ágora, 1999.

PERAZZO, S. **Psicodrama**: o forro e o avesso. São Paulo: Ágora, 2010.

PERES, Ana Paula Ariston Barion. **Transexualismo**: o direito a uma nova identidade sexual. Rio de Janeiro: Renovar, Biblioteca de teses, 2001.

PINTO, M. J.; BRUNS, M. A. **Vivência transexual**: o corpo desvela seu drama. São Paulo: Átomo, 2003.

PRINCÍPIOS DE YOGYAKARTA. **Princípios sobre a aplicação da legislação internacional de direitos humanos em relação à orientação sexual e identidade de gênero**. Disponível em: http://www.clam.org.br/pdf/principios_de_yogya karta.pdf. Acesso em: 07 mar. 2018.

QUEM A HOMOFOBIA MATOU HOJE. **Banco de dados Hemeroteca Digital Grupo Gay da Bahia**. 2017. Disponível em: https://homofobia-mata.wordpress.com/. Acesso em: dez. 2017.

REIS, N.; PINHO, R. Gêneros não-binários, identidades, expressões e educação. **Revista Reflexão e Ação**, Santa Cruz do Sul, v. 24, n. 1, p. 7-25, 2016.

RICOTTA, L. **Cadernos de Psicodrama**: psicodrama nas instituições. São Paulo: Ágora, 1990.

ROJAS-BERMÚDEZ, J. **Introdução ao Psicodrama**. São Paulo: Ágora, 2016.

ROSA, M. Mulheres que ama mulheres. *In*: CUNHA, A.; SILVEIRA, C. (org.). **Por todas as formas de amor**: o psicodrama diante das relações amorosas. São Paulo: Ágora, 2014.

ROSANE, R. **Quadros de referência para intervenções grupais:** Psico-Sociodramáticas. Departamento de Psicologia, 2017. Disponível em: http://www.sedes.org.br/Departamentos/Psicodrama/Quadros_referencia_Intervencoes_Grupais.pdf. Acesso em: 15 mar. 2018.

RUBINI, C. O conceito de papel no psicodrama. **Revista Brasileira de Psicodrama**, Rio de janeiro, v. 3, n. 1, 1995.

SCOTT, J. O enigma da igualdade. **Revista Estudos Feministas**, Florianópolis, v. 13, p. 11-30, 2005.

SENE-COSTA, E.; ANTONIO, R. A relação amorosa na bissexualidade. *In*: CUNHA, A.; SILVEIRA, C. (org.). **Por todas as formas de amor**: o psicodramatista diante das relações amorosas. São Paulo: Ágora, 2014.

SILVEIRA, C. Homens que amam homens. *In*: CUNHA, A.; SILVEIRA, C. (org.). **Por todas as formas de amor**: o psicodramatista diante das relações amorosas. São Paulo: Ágora, 2014

SOLIANI, M. Realização simbólica e realidade suplementar. *In*: MONTEIRO, R. **Técnicas fundamentais do psicodrama**. São Paulo: Ágora, 1993.

TRANSGENDER EUROPE. **Despatologização da transexualidade.** Disponível em: https://tgeu.org/. Acesso em: 28 dez. 2017.

VALLE, C. Identidades, doenças e organização social: um estudo das "pessoas vivendo com HIV e AIDS". **Revista Horizonte Antropológico,** Porto Alegre, v. 8, n. 17, p. 179-210, 2002.

VITALE, M. **Laços amorosos**: terapia de casal e psicodrama. São Paulo: Ágora, 2004.

VITTAR, P. **Indestrutível**. 2017. Disponível em https://www.letras.mus. br/pabllo-vittar/indestrutivel/. Acesso em: 04 jun. 2018.

WECHSLER, M. P. F.; MONTEIRO, R. F. (org.). **Psicodrama público na contemporaneidade**: cenários brasileiros e mundiais. São Paulo: Ágora, 2016.

WOLFF, C. **Amor entre mulheres**. 2. ed. São Paulo: Nova Fronteira, 1977.

ZAKABI, D. Clínica LGBT: contribuições do psicodrama para superação do estigma e da discriminação. **Revista Brasileira de Psicodrama**, São Paulo, v. 22, n. 2, p. 6-14, 2014.